KB104415

오징어 게임의 철학

오징어 게임의 철학

올리비에 딜리 지음 | 이상빈 옮김

| 차례 |

│ 한국 독자에게 보내는 서문 │

프랑스에서 「오징어 게임」이 방송되기 시작한 지 불과 며칠 후인 2021년 10월 2일, 경찰은 이 시리즈물을 취급하는 한 팝업 스토어로 출동한다. 일부 게임을 체험해볼 수 있는 게임방에는 무수한 팬들이 몰려 몸싸움이 벌어질 정도였다. 곧바로 교육부는 학부모와 교사에게 공문을 보내 초등학교와 중학교에서 학생들이 이 시리즈물의 게임들을 모방하지 못하게 해달라고 요청했다.

이와 같은 시리즈물에 대한 열광은 전혀 새로운 현상이 아니다. 죽음을 흉내 내는 게임도 마찬가지다. 웨스턴 영화들이 인기를 끌던 시절에는 오락 수업에서 기병대와 인디언 사이의 전투가 주를 이루기도 했다. 그러나 「오징어 게임」을 통해서 우리는 이미 일상화된 또 다른 형태의 폭력을 목격한다. 이 시리즈는 한 그룹의 다른 그룹에 대한 승리와 지배가 아니라, 마지막까지 죽지 않고 오직 한 사람만

오징어 게임의 철학

살아남는 세상의 규칙을 받아들이기 위해 게임에 참여한다는 것이 중요하다. 모든 사람이 아이들 게임의 규칙에 동의하는 것 같다. 그래서 이 시리즈물의 매력으로 인해 야기될 내용이 무엇인지 자문해보고, 이 시리즈물이 우리가 영위하는 현대 세계에 대해 무엇을 말해주는지 더 잘 이해해보고 싶은 욕구가 생겼다. 「오징어 게임」을 본 프랑스 청소년들에게 이 시리즈물에 대해 질문하자, 「오징어 게임」이 묘사한 세계가 자신들을 전혀 놀라게 하지 않았다는 듯이 내용이 그렇게 폭력적이지 않았다고 대답했다. 그 때문에 나는 이런 책을 쓰고 싶다는 욕구가 더욱 강해졌다.

드라마를 보는 관객으로서 나는, 폭력적인 장면을 즐기지 않는다. 게다가 한국 사회와 문화에 관해 그 어떤 구체적인 지식을 갖고 있지도 않다. 하지만 나는 수십 년 전부터 철학을 전공하면서 새로운 형태의 폭력들과 현대가 낳은 해악 문제들에 대해 끊임없이 질문을 던져왔다.

20세기가 다수를 대상으로 한 범죄와 인류를 위험에 빠뜨리는 살상용 무기들을 확산시켰지만, 동시에 새로운 형태의 사회 조직 체계, 새로운 생산 논리로의 길을 열었다. 그 형태들은 현대의 전쟁들보다 훨씬 눈에 띄지 않는 일련의 폭력들을 수반하면서 우리의 삶을 구조화하고, 청소년들조차 폭력이 일상화됐다는 점을 인정할 정도로 인간의 삶을 규정지어버렸다. 「오징어 게임」을 보면서 우리는 얼마만큼의 돈에 목숨을 바칠 수 있을까, 혹은 그 목숨을 희생시킬 수 있을까에 대해, 또 우리가 어떻게 행동할 것인가에 대해 자문해 본다. 대개 사람들이 자신에게 던지는 질문들은 도덕적 질문의 형태를 띤다. "어떻게 그런 질문들을 스스로 던져볼 상황까지 됐을까?"와 같이 보다 더 근본적인 질문도 있다. 이런 질문들이 나온다는 것은 바로, 우리가 영위하는 세상이 그런 질문들이 나오도록 만들었기 때문이다.

철학자 해나 아렌트가 전체주의 현상을 이해하려고 애쓰면서 인류 전체를 멸망시킬 '세상의 붕괴'에 대해 말한 적이 있다. 그리고 현대사회에 대해 분석하면서 그녀는 '포스트전체주의적' 사회라는 표현을 구사했다. 「오징어 게임」은 그런 사회의 모습이다. 새로운 형태를 한 폭력의 일반화도 마찬가지다. 그 사회를 관찰하고, 우리 이전에 다른 사람들이 만들어낸 철학적 도구를 통해 그 사회를 이해하려고 시도하는 일은 다른 어떤 세계가 가능할지를 생각해보는 수단을 확보하려는 노력이기도 하다. 고등학교 철학 교사와 대학의 철학 교수, 또 다양한 관중들을 대상으로 하는 강연자인 나에게 「오징어 게임」은 아주 좋은 분석 사례였다. 나의 눈에 그 사례는 오직 한국 사회의 여러 모습만을 그려낸 것이 아니라, 우리가 살아가는 현대사회의 폭력을 그려낸 작품이자 또 다른 세상이 가능한지에 대해 생각해보게 만드는 하나의 사례로 여겨졌다. 그리고 그것은 무엇보다도 철학이 다루어야 할 대상이기도 했다.

2022년 6월

Olivier Dhilly

「오징어 게임」이 '현대사회의 폭력적 양상에 대한 신랄하고 격렬한 비판'이라고 주장해도 그리 놀랄 일은 아니다. 시리즈의 눈부신 성공은 이 세계의 비인간적인 모습, 통제되지 않는 자본주의의 일탈, 끝나지 않는 악몽뿐 아니라 그리 희망이 없기는 하지만 이 시대에 인간성이 활짝 피어나길 바라는 꿈에 대해서도 그 무언가를 말한다.

디스토피아dystopia는 진보 사상이 대두한 위대한 세기인 19세기 말에 처음 나와 전 세계가 재앙을 겪은 20세기에 한층 발전한다. 이어 21세기 들어 디스토피아 관련 시리즈물들이 거둔 성공은 미래에 대한 불안을 분명히 보여준다. 디스토피아는 우리에게 우리 문제, 곧 우리 세계와 그 세계를 살아가는 존재에 관한 질문을 던지고 있다.

「오징어 게임」 이야기는 단순하다. 456명의 성인 남녀가 한 섬의 고립된 건물에서 단체로 합숙한다. '무궁화꽃이 피었습니다', '줄다리기', '구슬 놀이' 등 레크리에이션 수업을 연상시키는 어린이 게임에 참가하기 위해서다. 어린이 게임과 차이가 있다면 게임에서 진 사람들이 가차 없이 죽임을 당한다는 점이다. 하지만 참가자가 죽으면 오히려 살아남은 사람들이 차지할 수 있는 돈의 액수는 더 늘어난다. 한 사람의 목숨 가격은 「오징어 게임」의 무대인 한국 화폐로 1억 원, 유럽 화폐로 환산하면 7만 2천8백6십 유로다. 최종 승리자는 한국 화폐로는 456억 원, 유럽 화폐로는 3천3백2십2만 4천 유로를 차지하게 된다. 생존자들에게 그 점을 상기시키기 위해 거대한 창고의 천장에는 투명 저금통이 매달려 있다. 다른 참가자가 목숨을 잃을 때마다 획득할 수 있는 예상 금액이 저금통에 쌓인다.

삶에서처럼 승자와 패자가 있지만, 「오징어 게임」에서는 인간 목숨 자체가 유희의 대상이다. 모험에 뛰어든 사람들에게는 공통점이 있다. 실제 삶에서 이미 패배한 사람들이다. 과도하게 빚을 졌거나, 돈을 벌지 않으면 사랑하는 사람들을 계속해서 만날 수 없거나, 죽음이 목전에 와 있을 정도로 병들었거나 하는 사람들이다. 살아남기 위해서나 삶을 지탱하기 위해서라면 무엇이든 할 준비가 돼 있는 존재들처럼 보인다.

그들이 비록 섬에 모여 있다 하더라도 그들에게는 언제든지 게임을 포기하고 떠날 길이 열려 있다. 게임 참가자 중 다수가 게임을 끝내자고 결정하면 된다. 실제로 시리즈 장면에서 다수가 그렇게 결정하지만, 그 결정은 오래가지 못한다. 거칠고 폭력적인 외부 현실은 거의 모든 사람을 되돌아오게 만들고, 살아남기 위한 죽음의 경주에 참여하게 만든다.

아마 이런 '평행 우주univers parallèle' 속에서 체험한 폭력은 현실 세계에서 실제로 겪는 폭력과 완전히 다를지 모른다. 세상 바깥에 있는 이 우주에서는 현실 세계에서 벗어날 기회가 동등해 보이고, 게임으로 되돌아오거나 말거나 할 기회도 항상 남아 있다. 적어도 겉보기로는 그곳에서는 모든 사람이 평등해 보인다. 외부 세계에서 각 개인은 모두 고통받고 있고 불평등을 감내하고 있다. "우리는 정당하게 싸우고 돈을 벌 수 있는 마지막 기회를 그들에게 제공합니다."[1]라고 주최 측 관계자 중 한 명이 말한다.

「오징어 게임」 시리즈를 만든 황동혁 감독은 한 인터뷰에서 어떤 메시지를 전하고 싶었냐는 질문을 받자 그 어떤 메시지도 없다고 대답했다. 하지만 감독은 시리즈의 주인공이며 의심할 여지 없이

....
1   제5회 '평등한 세상'

오징어 게임의 철학

가장 흥미로운 인물이자 처지가 아주 열악한 사람들과는 거리가 먼 성기훈의 상황은 2009년 쌍용자동차 공장에서 실제로 있었던 격렬한 분규로부터 강하게 영감을 얻었다고 말한다. 거의 40%의 노동자들이 해고되자, 1천 명의 파업 참가자들은 77일간 저항하면서 사설 치안 조직과 한국 경찰에 맞섰다. 그들 중 30여 명이 목숨을 잃었는데, 대부분은 자살로 생을 마감했다. "우리는 「오징어 게임」의 세계에서 살고 있습니다"라고 감독은 인터뷰에서 선언한다. 엄마와 의붓아버지와 함께 미국에 정착하러 떠나게 된 자기 딸을 더 이상 보지 못하게 되는 성기훈이 바로 직업과 가족을 점차 잃어가는 평범한 인물을 대표한다.

실패한 모든 사람을 아주 가까이서 도살하는 시리즈 속 냉혹한 장면보다는 우리 세계의 폭력이 어쨌거나 덜하겠지만, 시리즈에서 보여주는 폭력에 대한 노골적인 미장센이 이런 평가를 바꾸도록 유도할 수도 있다. 「오징어 게임」 시리즈를 보고 초중학교 학생들이 게임을 흉내 낼 수 있는 개연성[관계 당국이 신속하게 경고를 발령할 필요를 느꼈을 정도로]은 드라마를 통한 재현과 실제 체험한 세계의 실상이 다른지 질문하고, 이런 폭력이 일상적인 일이 되지 않았는지 의문을 가지게 만든다. 일부 비디오 게임처럼 「오징어 게임」 시리즈가 담아낸 폭력을 비난할 수는 있다. 하지만 현실 자체, 있는 그대로의 세계, 그러한 현실이 낳는 생각과 행동을 배제해서는 안 된다.

물론 「오징어 게임」 시리즈의 미장센이 극단적이고, 일부 장면은 참기 어려울 정도라는 점은 인정할 수 있다. 망망대해의 고립된 섬에 지어진 건물은 생존을 위한 투쟁, 생명 유지 차원으로 축소된 존재, 죽음의 일상화와 평범화, 숫자에 불과한 개인들, 세계 없는 세계의 부조리함, 그리고 이런 세계 한가운데서도 인간에 대한 희망을 잃지 않게 해주는 몇몇 사람들의 우정 등에 견줘보면 수용소를 연상시킨다. '자유롭게 만드는 노동'[2]은 게임으로 대치됐다. 주최 측은 즐기기 위해 타인들의 생명을 가지고 놀고, 게임 참가자들은 피할 수 없는 추락과 손실에서 벗어나기 위해, 그리고 자신들의 목숨을 건지기 위해 게임에 뛰어든다. 참가자들의 제거는 기계적이고 무자비하며, 망설임이 없이 이루어진다. 우리가 영위하는 세계가 수용소 세계와 닮았고 그 속에서 자행되는 폭력이 수용소와 똑같다고 말하면 너무 성급하고 단순화하는 것일까? 이런 비교는 모든 정치체제를 뒤섞고, 자유민주주의 국가에서 사는 것이 철학자 해나 아렌트 Hannah Arendt(1906~1975)의 표현에 따르면 수용소가 '실험실'[3]이었던

----

2   아우슈비츠(Auschwitz)수용소 입구에 걸린 문구를 차용했다.
3   해나 아렌트(ARENT Hannah), 『전체주의의 기원(Les Origines du totalitarisme)』 [원제는 The Origins of Totalitarianism], 1951.

오징어 게임의 철학

전체주의 국가에서 사는 것과 다르다는 사실을 인정하지 않는 격이다.

한편으로는 비교해보는 일이 의미가 없지는 않다. 비록 오늘날의 시장 독재가 전체주의 체제가 자행했던 독재와 성격이 다를지라도, 단일 정당의 존재, 분열과 분쟁의 모든 징후에 대한 거부, 사회와 국가 사이의 혼동 등 민주주의적 사회조차 상징적이든 실제든 간에 종종 폭력을 행사함으로써 비인간화와 해체의 과정을 겪고 있는 건 아닌지 우리는 의심해볼 수 있다. 이는 민주주의의 맹점盲點을 구축하는 과정이기도 하다.

이런 논리에 전적으로 동참하는 플랫폼을 통해 「오징어 게임」 시리즈가 방영된 사실이 시리즈에 대한 모든 비판을 즉각 잠재우려는 유혹을 부추길 수도 있다. 『더 가디언*The Guardian*』지로부터 「오징어 게임」을 어떻게 생각하느냐는 질문을 받자 한 한국 배달원은 다음과 같이 대답한다. "그걸 보려면 돈을 내야 합니다. 넷플릭스를 내가 볼 수 있도록 해주는 사람을 아무도 몰라요. 어쨌거나 빚에 짓눌린 무리의 모습을 보는 게 무슨 소용이 있나요? 거울 속 내 얼굴 들여다보는 것만으로도 충분한데요. ……"

날것 그대로의 폭력을 다룬 이런 미장센이 견디기 어렵고, 폭력의 일반화가 유해하다고 생각할 수도 있다. 그러나 그런 폭력을 눈에 보이도록 하는 것이 맹점의 정체를 폭로하는 방식이 아닐까?

「오징어 게임」은 섬찟하면서도 극도로 폭력적인 세계를 다루고 있다. 그곳에서는 사회 패자들이 자신을 구출해낼 수 있는 유일한 수단은 돈이다. 그러나 어디까지일까? 당신은 목숨을 내걸 준비가 돼 있고, 3천3백만 유로, 더 정확하게는 3천3백2십2만 4천 유로 즉 456억 원을 얻기 위해 수백 명의 목숨을 앗아가는 죽임의 공범자가 될 수 있을까? 우리가 취약한 상황에 놓여 있고 심지어 우리 삶이 견디기 어렵게 느껴지는 등 개인적인 이유에서 그런 질문을 제기한다 해도, 그 질문은 곧바로 도덕적인 문제와 부딪힌다. 그러한 선택을 옹호하는 것은 도덕적으로 받아들이기 어려워 보인다. 그러나 우리가 옷 가게에서 우리 자신을 위해 옷을 살 때는 그렇게 처신할 수 있다. 방글라데시Bangladesh에서 생산했거나 수용소에서 위구르Uighur 사람들이 만들어낸 옷이라면 우리 돈을 절약해줄 것이다. 그러나 그것이 도덕적으로 받아들여질까? 만약 대답이 자명하다면, 생존이 게임의 대상일 때 이런 질문은 어떤 의미를 띨까? 더 단순하게 말하자면, 생존 문제가 달려 있을 때조차도 상호 동의가 이루어진 이후부터는 대답이 명백하지 않을까. 결국 게임을 시작한 자들은 거의 모두가 게임이 재개된 후 되돌아오기를 받아들인 존재들이다. 자신의 목숨을 걸거나 희생시키기로 결심한 사람을 우리가 도덕적으로 단죄할 수 있을까.

오징어 게임의 철학

우리는 어느 정도까지, 얼마나 타인의 삶을 희생시킬 준비가 돼 있을까? 이 경우에도 도덕적인 관점에서 대답이 자명해 보이더라도 질문이 제기되는 여러 상황이 존재한다는 사실을 전제로 해야 한다. 가까운 사람과 모르는 사람, 청소년과 노인, 두 명의 가까운 사람, 두 명의 모르는 사람, ……, 이 중에서 그 누군가를 구출해야 할 때 누구에게, 그리고 무엇에 가치를 부여할까? 어떤 범주에 따라서. 그렇다면 인간 존재의 가치란 무엇일까?

「오징어 게임」은 예속, 폭력의 수용, 잔인함과 죽음 등이 민주주의의 결정과 동의, 투표의 결과물인 세계다. 그렇다고 그것이 민주주의일까? '동의'가 민주주의를 정의하는 데에 충분할까?

「오징어 게임」은 폭력적인 세계에서 밀려난 개인들에게 똑같이 주어진 마지막 기회를 다룬 세계다. 그곳에서는 평등이 불공정을 대신한다. 그러나 정의가 평등일까? 죽을지도 모르는 위험에 맞서 사형집행인이나 희생자 중 어느 존재가 되는 것이 더 나을까? 불공정을 감내하는 것과 그걸 저지르는 것 중 어느 것이 더 나을까?

「오징어 게임」은 어린이들의 놀이가 생사의 문제가 된 세계다. 그곳 수용소에서는 더 이상 노동하는 곳이 아니라 노는 곳이다. 생존은 케이크를 자르거나 구슬 놀이를 하는 능력에 따라 결정된다. 그 세계에서 각자는 규칙을 받아들이며, 자신의 운명을 걸 자격이 있다고 생각하면서 엄격한 조직에 복종한다. 능력으로 가치를 만들어내고, 놀이로 자유 공간을 만들어내기를 계속해야 할까? 아우슈비츠Auschwitz수용소의 입구에는 '노동이 너희를 자유롭게 하리라[Arbeit macht frei]'라는 문구가, 부헨발트Buchenwald 수용소의 입구에는 '자업자득[Jedem das Seine]'라는 문구가 걸려 있다. 사실 노동은 소외에 지나지 않으며 능력이라는 것은 속임수가 아닐까?

도덕적 질문들은 「오징어 게임」 시리즈 전체를 채우고 있다. 그 질문들은 게임 참가자들이 어떻게 행동할까, 그들 대신에 우리는 어떻게 대응할 수 있을까 등 스스로 물어보고 답을 얻고 싶어 하는 질문들이다. 하지만 단지 도덕이 문제일까? 그런 질문들에 대해 훌륭한 대답이 존재할까? 우리 세계에 대해 우리를 가르치려 드는 이 디스토피아는 과연 무엇일까?

오징어 게임의 철학

「오징어 게임」 회차 목록

제 **1** 장

인간 존재의
가치는
무엇일까?

당신은 목숨을 내걸 준비가 돼 있고,

3천3백만 유로, 더 정확하게는 3천3백2십2만 4천 유로,

즉 456억 원을 얻기 위해 수백 명의 목숨을 앗아가는

죽임의 공범자가 될 수 있을까?

이 질문에 대한 답은 분명히 바로 내가 처한 조건에 달려 있다. 만약 내가 안락하게 살고 있다면 앞으로 내가 살아가는 데에 지장이 없을 만큼 충분히 가지고 있으니까 그런 계산을 해볼 필요가 없다고 생각할 것이다. 반면 나의 앞날이 위태롭다면 그렇게 해보고 싶은 생각이 들 수 있다. 실제로 이런 질문은 개인적인 문제와 연관이 있는 것 같다. 다른 가능성이 있는데도 게임을 해보기로 결심하는 자와 죽는 일 외에는 다른 도리가 없는 자 사이에는 차이가 있을 것이다.

오징어 게임의 철학

그래서 「오징어 게임」 속의 등장인물들은 모두가 실패하고 궁지에 몰린 개인들이다. 유일한 출구는 게임에 참여하는 길뿐이다. 성기훈은 직업과 가족을 잃었으며, 당뇨병을 앓는 그의 어머니는 빨리 치료받아야 한다. 성기훈의 어린 시절 친구인 조상우는 동네의 희망이자 유일하게 일류 대학을 졸업한 인물이었는데, 증권 투자로 파산한 후, 구멍가게를 운영하며 근근이 살아가는 자기 어머니에게 빚을 안긴 존재다. 강새벽은 가족과 함께 북한을 탈출한 인물로 그의 아버지는 도주를 시도하다가 피살됐고, 그의 어머니는 중국에 숨어 있다. 그녀와 함께 남한으로 내려온 유일한 혈육인 남동생은 보육원에 들어가 있다. 공장에서 착취당하던 파키스탄 난민 압둘 알리는 사장을 폭행한 후 이미 파키스탄으로 되돌아간 자기 가족에게 돌아가려고 애쓰는 인물이다. 체포를 모면하기 위해서다. 필리핀 갱스터gangster인 장덕수는 빚에 찌든 인물로 마피아에게 추적당하고 있다. 게임 참가자 중 가장 연장자인 오일남은 뇌종양에 걸려 시한부 인생을 살고 있다. ……

광기에 휩싸였거나 완전히 무의식 상태라면 몰라도 이와 같은 특별한 조건에 처하지 않으면 이 제안은 문제가 되지 않을 것이다. 자신의 목숨을 놓고 게임을 할 수 없으며, 타인의 목숨과는 더욱 그렇다. 이 질문과 같은 제안을 대안으로 받아들일 수 없게 하는 인간 존재의 가치가 있는 것이다. 더구나 이 특별한 조건들도 정당화되기에 충분치 않아 보인다. 성기훈이 우리에게 상기시켜주는 바가 그렇다. 처음에 게임에서 빠져나왔을 때, 그는 당뇨병에 걸린 어머니를 구하기 위해 딸과 함께 미국으로 떠날 예정인 자신의 옛 아내에게 돈을 구걸하러 갈 수밖에 없는 자기 모습을 본다. 부인이 거절하고 기훈이 아파트를 떠나려고 하자, 옛 아내의 새 남자가 그를 붙잡고 기훈이 필요로 하는 돈을 주겠다고 한다. 딸을 더 이상 보지 않는다는 조건에서였다. 기훈은 돈을 되돌려준 후 소리를 지르고 그의 얼굴을 때리면서 다음과 같이 말한다. "넌 돈으로 모든 걸 다 살 수 있다고 생각하지!"[4]

여기서 바로 도덕 문제가 제기된다. 도덕의 힘은 어떤 성찰과도 관련이 없고, 자발적이며, 모든 협상으로부터 자유로운 데 있다. 인간 목숨과 협상할 수는 없다. 우리는 자유와 협상할 수 없다. 장자크 루소Jean-Jacques Rousseau(1712~1778)는 저서 『사회 계약론*Du contrat social*』에서 다음과 같이 말한다. "자유를 거부하는 것은 인간으로서의 자질, 인간의 권리들, 심지어 인간이 진 의무들을 거부하는 것이다. 모든 것을 거부하는 그 누구에게도 보상은 전혀 없다."[5]

....

4   제2회 '지옥'
5   장자크 루소(ROUSSEAU Jean-Jacques), 『사회계약론(*Du contrat social*)』, 1762.

인간 존재는 교환할 수 없으며[보상은 전혀 없다.], 절대적인 가치를 지닌다. 인간으로서 존재한다는 것은 자유로운 존재라는 의미다. 그러기에 그 무엇도 노예제도를 정당화할 수 없으며, 생존을 위해 자유를 파는 행위가 도덕적으로 정당화될 수 없다. 노예는 '자유 아니면 죽음을'이라는 양자택일에 맞서 제3의 길을 선택하게 된다. 예속의 삶이자, 인간이기를 전적으로 포기하는 삶이다.

그러나 타인에게 팔리기를 거부할 때 단 하나의 선택만이 남는다면 문제가 그렇게 단순할까? 게임으로 되돌아간 후 그 게임에서 벗어나기 위해 자신이 잘 알지 못하는 타인들의 목숨을 걸어야 하는 선택밖에 없다면? 187명의 다른 사람들과 마찬가지로 기훈은 게임으로 되돌아오는 쪽을 택했고, 결말이 가까워지는 제7회 'V.I.P.S'에서는 그 누구도 더 이상 게임을 끝내려 들지 않는다. 다른 무엇을 할 수 있었을까? 반론의 여지도 없이 도덕적으로 비난받을 일일까?

나는 나 자신의 존재를 마음대로 처분할 수 있을까?
더 나은 삶을 기대하면서 3천3백2십2만4천 유로를 따내기 위해 내 목숨을 위태롭게 하기로 결심할 수 있을까?

타인들에 대한 위험은 별도로 치더라도, 자신을 팔기로, 자기 목숨을 위태롭게 하기로 결심하는 일을 받아들일 수 없게 하는 것이 무엇인지 자문自問해보자. 우리의 생명은 우리 것이라는 원칙으로 보면 우리가 우리 생명을 마음대로 처분할 수 있다고 생각할 수 있을 것이다. 게임으로 되돌아온 187명의 참가자는 게임 규칙과 그에 따르는 위험을 알고 있다. 사정을 잘 알면서 그들은 게임으로 되돌아오는 결정을 내렸다. 어머니의 생명, 딸과의 관계, 자기 목숨을 위태롭게 하는 저울질을 통해 기훈이 선택한 것이다. 어머니가 연로해서, 아직도 자신에게 중요한 어머니가 치료받지 못하면 사망할 수도 있다고 기훈이 생각할 수 있다. 딸이 죽을 위험에 처해 있지 않고 미국에서 더 나은 삶을 살게 될 것이라고 기훈이 생각할 수도 있다. 그러나 그는 게임을 하며 자기 목숨을 위태롭게 하기로 결심한다. 게임에 참가한 후 죽음을 모면할 확률은 통계적으로 아주 낮다.

어떤 원칙을 내세워 기훈이 그렇게 하는 것을 저지할 수 있을까? 그렇게 못 하게 하는 것은 기훈 대신에 그의 목숨을 처분하는 일이자 그의 자유를 침해하는 일이 아닐까? 어떤 사람이 빚을 져 위험을 무릅쓰고 자기 몸을 팔기를 원한다고 가정하자. 매춘을 하거나 자기 신장 중 하나를 파는 식이다. 사람들이 그를 막을 권리와 의무를 갖고 있을까? 하지만 인간 존재의 문제로 접근한다면 우리는 그의 의사에 반해 그를 보호할 의무를 갖고 있지 않을까? 병원

사정을 잘 아는 어떤 노인이 병원에서 침대나 인공호흡기가 부족한 상황을 보고 전혀 알지 못하는 다른 사람에게 자리를 양보하기로 결심한다면 도덕적으로 규탄 받을 일일까? 그에게 그런 일을 못 하게 해야 할까? 이런 질문들은 자유에 대한 두 가지 접근 방식과 연관이 있다.

한쪽은 어떤 사람에게 자기 목숨을 처분하지 못하도록 하는 일이 그의 자유를 침해하는 일이라 생각할 수도 있다. 다른 쪽은 자기 몸을 팔거나 스스로 파괴하는 자를 자기 욕망의 노예이며, 정의상 자유로운 존재가 아니라고 생각할 수도 있다. 한쪽은 로버트 노직Robert Nozick(1938~2002) 같은 사상가에게서 찾아볼 수 있는 자유지상주의⁶ 관점이고, 다른 쪽은 이마누엘 칸트Immanuel Kant (1724~1804)같은 철학자가 견지하는 휴머니스트의 관점이다. 그렇다면 노직일까 칸트일까?

---

6   자유지상주의자(libertarians)와 무정부주의자(libertaires)를 혼동하지 말아야 한다. 무엇보다도 후자가 반자본주의자들인 반면, 많은 자유지상주의자들은 신자유주의 이론에 영양분을 공급하고 있다.

자유지상주의 철학자 노직

자유지상주의 흐름을 대표하는 가장 유명한 인물 중 한 사람은 미국 철학자 노직이다. 하버드대학교 철학 교수를 역임했고, 저서 『아나키, 국가, 유토피아*Anarchy, State, Utopia*』[7]를 출간한 후 후대에 커다란 영향을 끼쳤다. 책 제목이 주는 인상과는 반대로 노직은 아나키 용어가 일반적으로 뜻하는 의미의 무정부주의 사상가가 아니었다. 오히려 그는 미나키스트*minarchiste*, 다시 말해 최소한의 정부를 지지하는 인물에 가까웠다. 노직은 자기 동료인 철학자 존 롤스*John Rawls*(1921~2002)에 반발해 『아나키, 국가, 유토피아』를 썼다. 그는 세금과 온갖 형태의 조세를 통해 부를 재분배하는 '신의 역할을 하는 국가[État Providence]'에 대한 생각을 전적으로 거부한다.[p.127 참조]

세금을 매기면서 노동의 과실인 재화를 재분배하는 것은 자기 소유권을 침해하는 일이다. 왜냐하면 노동이 개인 활동의 결과물이고, 모든 개인은 자기 자신의 소유자이기 때문이다. 국가의 소멸을 지지하는 노직의 철학은 신자유주의 사상에 끼친 영향력이 대단히 크다.

---

7   로버트 노직(NOZICK Robert), 『아나키, 국가, 유토피아(*Anarchie, État et utopie*)』 [원제는 *Anarchy, State, Utopia*], 1974.

오징어 게임의 철학

이성의 계몽주의자 칸트

　칸트는 독일 옛 지방이자 현재 폴란드 땅인 프로이센 동부의 쾨니히스베르크^{Königsberg}에서 태어나 그 도시에서 사망했다. 1755년부터 그는 쾨니히스베르크 소재 대학에서 강의를 시작했고, 그 직책을 떠난 적이 없다. 칸트의 삶은 비록 평범했지만, 그의 사상은 영향력이 컸다. 계몽주의 시대 철학자였던 칸트는 비판철학, 즉 이성의 권력이 합법적으로 행사될 수 있는 여러 영역에 대해 질문하면서 이성의 권력을 검토하는 사상을 발전시킨다. 철학을 한다는 것은 맹신盲信하는 일을 중지하는 행위이자 이성이 합법적으로 알 수 있는 것, 있는 그대로의 인간이 자신에 대해 요구할 수 있는 것, 인간이 합법적으로 기대할 수 있는 것이 무엇인지 자문해보는 행위다. 무엇보다도 우리가 이성을 보유한 존재라는 점이 인류를 만들어낸다. 그렇기에 우리는 이성이 인도하는 대로 행동해야 할 의무를 지니고 있다.

1. 자기 소유권의 주장

자유지상주의 논리는 다음과 같은 생각에 기초하고 있다. 개인은 자기 자신에 대한 절대적인 소유주이며, 타고난 재능, 능력과 경쟁력의 최종 소유자다. 그는 자신의 육체적, 정신적 능력에 대한 소유자다. 그의 몸은 그에게 속하며, 자기 욕망의 주인인 것처럼 그 몸의 고유한 주인이다. 그러므로 그는 자기의 몸, 자신의 존재, 자기 활동의 열매로 무엇을 할지 결정할 수 있는 유일한 존재다. 그것을 침해하는 일은 그의 자유를 침해하는 행위다. 유일한 한계는 타인의 자유를 방해하지 않는 데에 있다.

만약 기훈이 게임에 합류해 자기 목숨을 위태롭게 한다면, 또 모든 참가자가 규칙과 위험을 알고서 게임에 다시 참가하는 데 동의했다면, 그들을 못 하게 할 수 있는 것은 아무것도 없다. 못 하게 하는 것은 그 어떤 것이라도 불공정한 것으로 규정될 것이다.

| 자기 목숨에 사람들이 원하는 가치를 부여하기 |

자유지상주의 관점에서 보면 한 개인의 행동을 구속하려 드는 모든 외부의 개입이 그의 자유를 침해할 위험이 있고 그의 권리를

오징어 게임의 철학

위반하는 까닭에, 사람들을 그들 자신으로부터 보호하기를 주장하는 모든 법에 반대해야 한다. 어떤 사람이 오토바이를 타면서 헬멧을 쓰지 않고, 자동차를 타면서 벨트를 매지 않으려고 하더라도 그가 겪게 될 위험을 스스로 결정할 권리가 그에게는 있다. 개인의 자유라는 원칙에서 유일한 한계는 타인들의 자유일 뿐이다.

그런 식으로 한 개인은 자기 몸을 훼손하거나 자살할 권리를 전적으로 보유하지만, 살인을 저지를 권리를 갖고 있지는 않다. 타인이 그걸 요구할 때를 제외한다면 말이다. 기훈의 행동의 한계는 자기 소유권 원칙이라는 명목을 앞세워 3천3백만 유로를 버는 게임에 자신의 목숨을 내걸 것을 자기가 결정한다고 생각할 수 있다는 점이다. 그러나 이 생각은 이 내기 게임은 지는 사람들의 죽음과 연관성이 있다는 사실과 모든 것이 합의와 관련을 맺고 있다는 점을 간과한 결과다. 게임에 참가한 모든 사람은 규칙을 알고 있으며, 게임으로 되돌아오면서 모종의 계약을 맺었다. 계약이 지켜지지 않을 때만 구속력 있는 외부 개입이 정당화될 수 있다. 나머지 모든 것은 개인의 자유와 관련된 문제에 지나지 않는다. 결국 우리는 자기 소유권이라는 명목하에 게임에서 지는 사람들의 죽음을 폭력적이라 생각할 수 있다. 그러나 그 폭력은 불공정한 것이 아니다. 그것은 동의한 계약 속에 담겨 있으며, 게임 규칙의 일부다. 따라서 각자는 사람들이 원하는 가치를 자기 목숨에 부여할 권리를 지닌다.

그러한 관점이 도덕적으로 충격을 줄 수 있다. 하지만 오히려 부도덕은 무엇보다도 개인의 자유를 존중하지 않고 그들을 대신해서 결정하는 데 있지 않을까?

"일부 시민들이 타인을 돕도록 강요하기 위해,

그들의 재산이나 보호를 명목으로 사람들에게 일부 활동들을

금지하기 위해 국가가 속박을 남용해서는 안 된다."[8]   – 노직

| 자신의 장기臟器나 몸을 팔 수 있을까? |

한 개인이 자기 소유권 원칙에 동의하는 순간부터 그의 몸은 그에게 속하며, 그는 그가 원하는 대로 그 몸을 가동한다. 그가 아닌 다른 그 누구도 그의 허락 없이 그의 몸을 처분할 수 없다. '평등한 세상'이란 제목이 붙은 제5회에서는 일부 교도관들이 장기 매매를 하면서 수감자들의 동의 없이 부를 축적하는 모습을 다루고 있다. 수감자들이 죽었기 때문이다. 불공정한 그 무엇이 등장한다. 한 개

---

8   위의 책.

인은 자기 소유권과 개인의 자유라는 이름으로 자기 신장 중 하나를 판다는 것을 쉽게 결정할 수 있다. 그가 자기 몸을 처분할 수 있기 때문이다. 그러나 받아들일 수 없는 점은 그의 의지와 무관하게 타인들이 그의 몸을 처분하는 일이다. 바로 이런 이유로 제6회 '깐부'에서 장기 매매에 동참하는 자들은 처형당하며, 불공정의 수치를 대표하는 인물들이라도 되는 양 그들의 시신은 모두가 볼 수 있도록 노출된다.

자기 장기의 하나를 파는 것이 충격적이라고 반박할 수도 있다. 그러나 장기를 기증하는 일에 대해서는 왜 충격을 받지 않을까? 일부 사람들은 이식 조직의 부족으로 죽고, 또 다른 사람들은 돈이 필요한데, 장기 기증은 왜 받아들일 만하다고 생각할까? 아주 논쟁적일 수 있는 일부 확고한 시각이 아니라면 장기 기증은 도덕적인 문제를 거론하지 않을 것이다. 그런 이유로 사람들은 장기 기증을 더 쉽게 부추길 수 있다. 그러나 국가나 그 어떤 기관이 그것을 강요한다면 우리는 무시할 것이다. 이런 관대한 반응은 동의에 근거를 둬야 하며, 관련 당사자에게만 국한된다. 사람들이 게임에 참가하기를 결정한다면 그것은 그들의 문제다.

만약 동의가 원칙이라면, 오직 개인의 자유만이 유효하다는 점을 인정해야 한다. 이런 원칙으로 보면 간음이나 매춘으로 처벌하는 것은 논쟁의 여지가 아주 많아 보인다. 마찬가지로 우리 목숨이 우리에게 속하기에, 우리는 그것을 자유롭게 처분할 수 있다. 그리고 조력자살이나 존엄사를 금지하는 모든 법은 불공정할 것이다.

그 무엇도 살육 게임에 참여하는 참가자들을 적법하게 금지할 수 없다. 「오징어 게임」이 폭력적이기는 하지만, 이런 의미에서 전혀 불공정하지 않다. 참가자들이 게임에 뛰어드는 행위가 일부 도덕적 확신에 충격을 줄 수 있지만, 그 자체로서는 전혀 비도덕적이지 않다. 이런 접근 방식에 반대하는 것은 모종의 간섭과 적법한 도덕주의를 강요하는 일이자 자유를 희생시키면서 다수의 사람에게 도덕을 부과하고 또 장려하려고 애쓰는 일이다. 그것이 모든 형태의 관대함이나 자선을 배제하지 않는다는 데에 주의하자. 한 개인은 자기 재산의 전부나 일부를 필요로 하는 사람들에게 기증하기로 마음먹을 수 있다. 그러나 그런 결정은 외부로부터 그에게 강요될 수 없으며, 오직 개인의 결정에 달려 있다. 게임으로 되돌아가지 않는 것이 가능했듯 말이다. 첫 회가 끝난 후 풀려난 201명 중 14명의 참가자가 그랬다. 그들의 운명은 게임으로 되돌아온 187명의 운명보다 아마 더 나았을 것이다.

오징어 게임의 철학

2. 인간의 존엄성이 어디에나 있다고?

논증을 요구하지는 않는다 해도 자유지상주의 관점은 우리를 끊임없이 불편하게 한다. 발언의 일관성은 분명히 이해하지만 「오징어 게임」 시리즈가 우리에게 보여주듯 그런 태도가 초래하는 폭력을 인정할 수밖에 없다. 그러나 기훈이 자신의 목숨을 위태롭게 만들 수도 있는 자유에 대해 우리가 질문을 던져보면, 우리는 이런 자유를 내세우는 것이 의미가 있을지도 모르는 상황들과 만나게 된다. 삶의 마지막에 도달한 사람에게 선택 불가능한 행위를 강요하는 것은 그의 자유를 침해하는 일이 아닐까? 어떤 명분으로 우리는 외부에서 우리들의 도덕적 확신을 그에게 강요할 수 있을까? 그리고 그런 확신들이란 어떤 것일까?

조력자살의 가능성을 인정하는 국가들은 동의가 필요하다는 것을 인정한다. 쉽게 확인되는 이런 사실은 처음부터 자유지상주의적 분석의 방향으로 진행되는 것처럼 보이는데, 그러한 분석은 게임 참가자들이 게임에 합류하고 주최 측 관계자들이 그런 모습을 즐기는 일을 어떤 것도 저지할 수 없다고 우리가 생각하게 만든다.

그러나 타인의 존재를 타인 대신에 마음대로 처분하지 못하도록 하는 동의가 필요하다 해도, 조력자살은 그 어떤 조건에서도 가능한 것이 아니라고 주장하며 또 다른 원칙들 즉 인간의 존엄성과 연민이라는 원칙들을 내세운다. 자기 목숨을 마음대로 처분할 수 있다 하더라도 일정한 조건에서만 가능하다는 말이다. 게다가 동의라는 형식에도 문제를 제기한다.

2001년 독일에서 세간의 화젯거리가 되었던 한 사건이 있었다. 독일 시민권자인 마이베스Armin Meiwes(1961~)는 잡아먹히기를 원하는 사람을 찾는다고 인터넷에 광고를 실었다. 놀랍게도 그는 여러 사람으로부터 답장을 받게 되며, 그중 브란데스Brandes라는 인물과 만나게 된다. 두 사람은 성관계를 가진 후 마이베스는 브란데스의 성기를 잘라 정성스럽게 요리해 먹기로 하지만, 질겨서 먹지 못하고 반려견과 함께 먹는다. 초대 손님인 브란데스가 죽기 전까지의 모든 장면은 영상으로 남겨졌다. 그런 다음 마이베스는 시신의 껍질을 벗겨냈고, 또 다른 향연을 벌이기를 기대하면서 시신을 조각낸 후 냉동고에 넣는다.

브란데스의 동의로부터 무엇을 할 수 있었을까? 식인食人을 금지하는 법이 없었던 탓에 판사들은 난제에 직면했다. 동의를 내세우는 변호사의 변론에도 불구하고 마이베스는 살인 죄목으로 먼저 8년 6개월 형을 선고받는다. 나중에 고등법원은 판결을 뒤집으며 그에게 종신형을 선고했다. 살인을 당하기 전에 브란데스는 「오징어 게임」 속의 참가자들처럼 자기와 함께 게임을 해줘 고맙다고 파트너에게 고마움을 표하지 않았을까? 그렇다면 동의의 개념에 어떤 의미를 부여할 수 있을까? 그리고 어느 정도까지 자유에 대해 말할 수 있을까?

노직의 논리에 따라 우리는 마이베스가 처벌의 대상이 아니었다고 생각할 수도 있다. 브란데스가 동의했기 때문이다. 목숨의 가치는 조건의 선택과 각 개인이 자기 존재에 부여하기로 마음먹은 의미에 달려 있다. 최종적인 논거는 바로 개인의 자유다. 이때 각자는 자기 자신을 전적으로 책임진다. 기훈은 어머니와 딸을 위해 자신을 희생하기로 선택할 수 있고, 게임 참가자들 각자도 스스로 희생할 만한 자기만의 이유를 가지고 있다. 하지만 외부로부터 그러기를 강요당한다면 문제는 달라진다.

달라진다 해도 부분적으로만 그렇지 않을까? 경제적인 속박이 당연히 존재한다. 그리고 게임 참가자들이 그렇게 폭력적인 게임으로 되돌아온다면 그건 외부 세계의 폭력이 이론의 여지가 없이 불평등할 뿐 아니라 더불어 살 수 없는 상황을 만들었기 때문이다. "우리는 정당하게 싸우고 돈을 벌 수 있는 마지막 기회를 그들에게 제공합니다."[9]

....

9   제5회 '평등한 세상'

희망이 없는 삶과 최소한의 희망이 존재하는 삶 중에 하나를 선택해야 한다. 출구가 이미 정해진 상황으로부터 빠져나올 수 있는 유일한 가능성이다. 절망적 상황으로부터 빠져나오려는 욕망이 가치를 가지고 있는 유일한 욕망이다. 자기 욕망의 소유주이고자 하는 사실 속에 자유가 존재한다고 생각하는 방식은 거의 의미를 지니지 못하는 것 같다. 개인이 그 욕망의 주인이라고 확신하는 일은 그 개인이 몸을 담고 있는 경제적, 사회적 조건의 현실을 부정하는 결과다.

개인이 자기 자신에 대한 변함없는 소유주라는 점을 정당화하기 위해 자유지상주의적 관점은 모든 개인이 주권자이고, 개인의 주권은 예를 들어 도움이 필요한 자의 이해관계보다 더 중요하다는 원칙에서 출발한다. 게임 참가자 각자가 자신의 목숨을 담보로 하는 행위 자체는 비난할 여지가 아무것도 없다. 이런 결정은 자유로운 동의 아래 이뤄졌고, 이런 동의가 자신의 존재에 부여하기로 한 가치를 각자에게 제공하기 때문이다. 소유물이라는 개념 자체도 모호하다. 물건에 대한 소유권과 자기 소유권은 같은 의미일까? 이런 식으로 원용된 자유에 어떤 의미를 부여할까?

예를 들어, 공급과 수요의 시각에 따라 달라지는 교환가치에 근거해 하나의 물건을 평가할 수 있다. 그러나 인간 존재를 평가할 때도 그렇게 할 수 있을까? 어떤 개인이 사랑받지 못하고 욕망의 대상

오징어 게임의 철학

이 아니라고 그가 가치가 없다고 느낄 수는 있다. 하지만 그것이 그 개인의 가치일까?

축구 선수는 보통 사람보다 훨씬 더 높은 시장 가치를 가진다. 축구를 할 줄 모르는 일반 대중은 자신의 매매 가격으로 1천만 유로를 제시할 수 없다. 하지만 축구 선수 시장에서 수요와 욕망의 대상이 아니라고 해서 그 어떤 존재가 가치를 거의 지니지 않는다고 추론하는 것은 그를 교환 대상인 물건으로 축소하는 것과 같다.

노직을 필두로 한 자유지상주의자들은 각자가 각자의 가치를 자유롭게 선택하고 결정한다는 점에서 동등한 가치를 가진다는 점을 인정한다. 이런 주장은 그 누군가를 대신해서 결정할 수 없다는 사실에서 한계를 노출한다. 그러나 타인의 자유 침해를 금지하는 평등이 존재한다면, 그 어떤 경우에도 개인은 교환될 수 없다는 사실을 결과적으로 인정해야만 한다. 자기의 의사에 반해 결정을 내릴 때도 마찬가지다.

칸트가 만약 1974년에 생존해 있었더라면 노직에게 반박하며 내세울 수 있었던 논리가 바로 이것이다. 비록 내가 원할지라도 돈을 위해 내가 내 목숨을 위태롭게 하는 일은 도덕적으로 전혀 정당화될 수 없다고 확신하게 하는 주장이다. 내가 자신에 대해 의무를 지니고 있기 때문이다. 「오징어 게임」 속의 모든 참가자가 궁지에 몰려 게임에 되돌아가기를 결정할 수 있지만, 도덕적으로는 그런 결정이 변호 받을 수는 없다. 개인적 확신에 근거를 두기 때문이 아니라, 보편적인 관점으로 보기 때문이다. 궁지에 몰렸을 때는 각자가 자신의 존재를 현금화하고 자신의 가치가 필요와 순간순간의 욕구에 따라 달라진다고 생각할 수도 있다. 그러나 그것은 도덕적으로 결코 정당화될 수 없다.

비록 나 자신에게만 해당할 때조차 인간 존재의 가치에 조건을 거는 것은 도덕적으로 수용될 수 없다. 살육 게임 광경을 마주하면서 우리가 충격을 받고, 잔인한 장면들이 등장할 때마다 우리가 고통을 느끼는 것은 옳다. 그것은 단지 우리가 맞닥뜨리고 우리에게 체험토록 하는 폭력이 혐오스럽기 때문만은 아니다. 도덕적으로 그 상황이 견딜 수 없기 때문이다.

나는 나 자신이 부자가 되기를 원할 수도 있고, 건강하기를 원할 수도 있다. 마찬가지로 나는 내 이웃을 죽이기를 원할 수도 있다. 그러나 칸트가 강조한 것처럼 욕망은 도덕을 정당화하지 않는다. 내가 내 동료들을 고발하지 않는다면 폭군이 나를 죽이겠다고 위협한다고 치자. 내 원초적 욕망은 살아남는 것이다. 내 의무가 내 동료들을 고발하지 않는 것임에도 그렇다. 그들을 고발하는 것은 언제든지 가능하다. 그러나 그러기는 쉽지 않다. 도덕적인 방식이 그렇다고 누가 말했던가. 나에게 강요된 일에서 벗어나며, 나 자신을 내 욕망의 존재로 축소하지 않는 데 내 의무가 있다. 나는 그 어떤 것의 노예도 아닐 의무를 지니고 있다. 내가 욕망의 존재에 불과한 것이 아니기 때문이다. 나를 인간에 속하도록 하는 것은 내가 다른 사람들과 공유하고 있는 이성이라는 능력이다.

내가 무엇을 해야 하고 내 의무가 어떤 것인지 물어보는 일은 다른 그 누군가가 나 대신에 할지도 모르는 일을 궁금해하는 것이 아니다. 타인도 나처럼 그의 문화, 그의 신앙, 그의 교육, 그의 욕망, 그의 공포 등 자신을 결정짓는 요소들의 총체이기 때문이다. 그러나 그의 문화, 그의 신앙, 그의 교육 정도, 그의 욕망과 공포가 어떤 것인지 몰라도 그가 나 대신 해야 할 것들을 물어봐야 한다. 찾아야 할 것은 만장일치가 아니라 보편성이다. 그리고 이런 보편성은 우리가 이성을 보유하고 있을 때만 가능하고 또 생각할 수 있을 따름이다.

"너의 행동의 규범이 자연의 보편적인 법률로 세워질 수 있을 정도로 행동하라."[10]

— 칸트

....

10   이마누엘 칸트(KANT Immanuel), 『윤리형이상학의 정초(*Fondements de la métaphysique des moeurs*)』[원제는 *Grundlegung zur Metaphysik der Sitten*], 1785.

내가 인류의 일원이기 때문에 나는 자신에 대한 의무를 지닌다. 나에게는 내 욕망이 규정하는 대로 행동하지 않을 의무가 있다. 바로 그곳에 나의 자유가 존재한다. 개인적인 욕망을 따르는 행위 속에서가 아니라 욕망의 노예이지 않은 행위 속에서다. 자유롭다는 것은 내 욕망에 종속되는 것이 아니다. 나를 인간에 속한 존재로 만드는 것, 다시 말해 이성에 종속됨을 뜻한다. 내가 물건이 아니기 때문이고, 주인이 물건을 소유하는 것처럼 내가 나를 소유하는 것이 아니기 때문이다.

3천3백만 유로를 위해 나의 목숨을 현금화하기로 내가 결정할 수 있을까? 안 된다.

도덕적인 관점에서 보면 우리는 우리 의도대로 목숨을 처분할 수 없다. 목숨의 가치는 우리가 우리 목숨에 부여하기로 결정한 가치에 따르지 않는다. 그 가치는 주관적이지 않다. 인간의 객관적 가치, 합리적인 성격이 존재하기 때문이다. 모든 인간 존재는 동등한 가치를 지니고 있으며, 이런 가치는 상대적이지 않고 절대적이다. 그것은 흥정거리가 될 수 없다. 다음과 같이 화내며 말하는 기훈이 옳았다. "너는 돈으로 모든 걸 살 수 있다고 생각하지!"[11] 인성은 수단이 아니라 그 자체가 목적이다. 가격을 매길 수 없다. 나 자신이 내

----

11   제2회 '지옥'

목숨에 가격을 매길 권리가 도덕적으로 있다고 주장할 수조차 없는 것이다.

"단지 수단으로서가 아니라
목적으로서 항상 타인을 대하라." [12]

                — 칸트

 노직은 자신의 논거를 스스로 뒤집는 것처럼 보인다. 한 개인이 자신이 소유주이기에 그의 선택에 반한 그 무엇을 어떤 개인에게 강요할 수 없다고 노직이 주장할 때는 그 개인이 다른 목적을 위한 수단으로 취급되기를 노직이 거부하기 때문이다. 그러나 타자를 수단으로 취급하기를 거부해야 한다면, 그리고 자기 자신이 수단으로 취급되기를 거부해야 한다면, 우리는 우리 자신이 그렇게 해야 할 의무가 있다.

 우리가 칸트주의자라면 대답은 자명하다. 자기 몸을 팔고 자기 존재를 처분하는 것은 도덕적 관점에서 절대적으로 비난받아야 한다. 3천3백만 유로를 위해 내가 목숨을 거는 일에 대해 그 어떤 것

---

12 이마누엘 칸트, 앞의 책.

도 도덕적으로 정당화할 수 없다. 나 자신과 관련될 때조차 존재의 가치는 상대적이지 않다. 각자가 자기 몸을 팔기를 결정할 수 있지만, 거기에 도덕적인 정당성을 부여하는 것은 절대 불가능하다. 명백한 동의, 외부 세계의 폭력도 이런 게임의 존재를 도덕적으로 정당화할 수 없다. 게다가 그런 동의가 '여기'라는 현실을 대변해줄까? 이런 의미에서 칸트는 자유를 단순한 자유의지를 통해서가 아니라 자율성을 통해 정의하면서 노직과 차별화한다.

자유에 대한 두 가지 정의 : 자유의지와 자율성

자유의지는 선택하는 능력을 지칭한다. 자유의지를 통한 자유의 정의는 이런저런 쪽으로 미리 기울어짐이 없이 두 개 혹은 여러 개의 행동 사이에서 선택하는 능력으로 자유를 생각하는 방식이다. 선택할 능력을 지니고 있기에 우리는 자유롭다. 마찬가지로 나는 살육 게임에 참여 여부를 선택할 수 있고, 내 몸을 팔든지 아니든지 자유롭게 선택할 수 있다. 우리에게 구속이 부과되려고 할 때 우리는 이런 자유를 본능적으로 요구한다. 나에게 「오징어 게임」 참여를 금지할 때, 나는 자유의지로 인정된 내 자유를 사람들이 침해한다고 생각한다.

오징어 게임의 철학

자율성 : '깨끗하다'는 의미의 그리스어 '오토auto'와 법을 뜻하는 '노모스nomos'로부터 파생된 용어가 '자율성autonomie'이다. 따라서 자율성은 자신만의 법에 대해 복종하는 것을 의미한다. 자유롭다는 것은 원하는 순간에 내가 하고 싶은 일을 하는 것이 아니며, 자신의 욕망을 따라가는 것도 아니다. 자유롭다는 것은 한편으로 모든 외부의 구속에 대해 독립적이고, 다른 한편으로 이성과 의지를 보유한 존재로서 자기 자신에 복종함을 뜻한다. 칸트가 자유라는 개념에 부여하는 의미가 그렇다. 내가 그 무엇을 갈망할 수 있지만, 내 욕망은 비록 그것이 나 자신에게 속하더라도 나에게 부과된 것이다. 내가 욕망하는 바를 행할 때 나는 실제로 자유롭지 않다. 반면 내가 해야 할 바를 행할 때, 내가 나의 의무를 행할 때 나는 자유롭다. 나에게 강요된 일의 노예이기를 그치는 행위이기 때문이다. 내가 이성을 보유한 존재이기에 그것이 가능하다. 마지막으로 내가 내 의무를 행하면서 나는 진정 자유롭다. 생존을 위해 내 몸을 팔기를 거부하면서 나는 자유롭다.

종합 평가 :

그렇다면 노직을 더 따를까, 아니면 칸트를 더 따를까?

우리는 어느 정도까지 우리 자신에 대해 의무를 지고 있을까?

내 몸과 내 삶은 나에게 속하는 것들일까?

인간 존재의 가치는 절대적일까 아니면 내가 결정하는 바에
달려 있을까?

언뜻 보기에 대답은 칸트 쪽으로 기울어 보인다. 게다가 노직은
말년에 자기의 주장을 번복했다. 그러나 이런 대립은 많은 질문을
낳는다.

노직이 내세우는 자유지상주의 관점은 1980년대에 일정 부분
성공을 거둘 수 있었다. 당시 로널드 레이건Ronald Reagan(1911~2004)과
마거릿 대처Margaret Thatcher(1925~2013)가 내세우는 신자유주의 정책
이 최소한의 국가 개입을 설파하고 또 개인과 개인의 재능을 부각
하는 세계에 자리를 양보하면서 점점 정착했기 때문이다. 개인은 자
신의 성공과 실패에 전적으로 책임을 져야 했고, 그런 세상 속에서
패자들은 「오징어 게임」에서처럼 게임에 참가하는 권리를 부여받은
데에 대해 감사를 표했다.

하지만 만약 자기 소유권 주장이 비도덕적이라고 비난할 수 있
다면, 우리 몸과 우리 존재가 우리에게 영원히 속하지 않는다고 결
론지어야 하지 않을까?

개인이 자기 몸을 팔 수 있다는 점을 정당화하는 자유지상주의
관점이 비인간적인 신자유주의적 관점에 영양분을 제공하지만, 자

기 소유권에 대한 확신은 낙태, 조력자살 같은 질문들에 대해 생각해볼 여지를 개인 자신에게 부여하는 것이기도 하다.

마지막 문제에 관한 칸트의 관점은 분명하다. 자신을 고통스럽게 만들고 절망에 빠뜨리는 일련의 해악들을 겪고 난 후 그 어떤 개인이 삶에 대해 혐오감을 느낀다면, 그는 자기 이성의 주인이 돼야 한다. 자기 존재를 단축할 권리가 자기에게 있는지 물어보기 위해서다.

한 개인이 참을 수 없이 변해버린 상황에서 벗어나기 위해 자기 자신을 파괴할 때 그는 자신을 수단으로 사용했다. 그의 몸이나 다른 모든 사람의 몸을 물건처럼 처분할 수 없기 때문이고, 타자를 항상 목적으로 취급해야 하며, 수단으로 취급해서는 안 되기 때문이다. 우리의 의무는 타자가 자신을 파멸시키지 못하도록 하는 데 있을 뿐 아니라 자기가 자신을 파괴하지 않도록 하는 데 있다. 그렇게 하지 않는다면 우리는 우리와 타자 속에 있는 휴머니티를 소멸시킬 것이다.

그러나 한 개인이 예를 들어 신장을 기증할 때, 그것이 부분적인 훼손이라 하더라도 관대하게 받아들이는 행위를 도덕적으로 정당화할 수는 없을까? 삶의 막바지에 이르러 고통을 받는 인간, 존엄성이 침해당해 자기의 삶을 끊겠다고 주장하는 인간 앞에서 느끼는 연민을 도덕적으로 정당화할 수는 없을까? 그 자신의 존재에만 연관돼 있으니까. 성기훈과의 '구슬 놀이' 게임에서 자신이 휘둘렸다는 사실을 인정하고 목숨을 저버리기를 받아들이는 오일남의 위대함을 인정해야 하지 않을까?

잔인함이 점점 확산하는 상황은 우리를 어려운 문제에 직면하게 만든다. '깐부'[이 용어는 한국어로 '완벽한 우정', '커다란 신뢰'를 지칭한다.]라는 제목이 붙은 제6회가 그렇다. 게임 참가자들은 참기 힘든 상황과 부딪힌다. 이전 게임들에서처럼 다른 팀과 경쟁하는 줄 알고서 친한 사람들끼리 두 명씩 팀을 짠 그들은 팀원끼리 '구슬 놀이'를 해야 한다는 사실을 알게 된다. 게임에서 질 경우, 자신 아니면 자기 팀원이 제거되는 상황이다. 제거되는 사람은 모르는 사람이 아니라 오히려 가장 가까운 사람, 친구, 배우자 등이다. 어떤 팀의 팀원 중 한 명은 최연장자 오일남이다. 오일남에 대해 친밀감을 느낀 기훈을 제외한다면 그와 함께 팀을 이루고 싶어 하는 사람은 아무도 없다. 폭력을 행사하지 않는 한 어떤 형태의 공격도 오랫동안 허용된다. 오일남이 머리가 돌고, 치매에 걸린 것처럼 보이자 당연히 이 상황을 이용하려는 유혹이 컸고, 마침내 기훈이 그렇게 하게 된다.

그러나 오일남은 성기훈이 자신을 이용했다는 사실을 알고 있다. 노인이 기억력을 상실한 채 산책하는 것처럼 보이고, 그가 게임을 계속하기를 거부하자, 제때 게임이 끝나지 않으면 두 사람 모두 죽는다는 것을 알고 있는 기훈은 승리를 선언한다. 오일남은 "하지만 그건 아무런 의미가 없어!"라면서 성기훈에게 이렇게 답한다. "나와 같은 노인을 이용하는 게 네 생각에 의미가 있지?" 그러나 오일남은 죽음을 받아들인다. 보육원에 들어간 자기의 어린 남동생을 구출하려는 새벽보다 자신이 죽는 쪽이 잃는 것이 훨씬 더 적다고 생각하고 확실하게 팀원을 위해 희생을 감내하는 지영과 같은 방식이다. 게다가 한 사람의 죽음이 다른 팀원에게는 참을 수 없는 일이 된다는 사실 외에는 사람들은 게임에 참여한 짝에 대해 그다지 잘 알지 못한다.

오일남이 잔머리를 굴리는 성기훈의 가면을 벗겨버렸지만 그런데도 불구하고 죽음을 받아들이고, 지영 역시 게임에 참여하기를 거부하고 새벽을 위해 자신을 희생시키는 모습을 보면서도 우리는 이런 사고방식이 비도덕적이라고 생각하지는 않는다. 정반대로 그들에 대해 일종의 경외심을 불러일으키기까지 한다. 전염병이 창궐하는 와중에 한 노인이 산소호흡기 숫자가 적고 남은 생이 길지 않다고 생각하면서 산소호흡기를 착용하지 않겠다고 요구할 때 우리는 이런 사고방식이 비도덕적이라고 생각하지 않는다. 오히려 정반대다. 반면 마지막 회에서 모든 것이 조작에 불과했다는 사실을 접하면서 우리는 오일남에 대해 충격을 받는다.

칸트 역시 지영의 행동거지가, 혹은 오일남이 했던 행위가 비도덕적이라고 말하지 않을 것이다. 그러나 그런 행동은 존경을 낳을 수 있는 도덕적 행동이 아니다. 기껏해야 "찬사와 격려를 받을 만한"[13] 행동이었다.

어떤 문제들:
| 도덕적 엄격함일까 아니면 개인 자유의 옹호일까? |

현실 망각으로서의 도덕적 입장

칸트의 관점은 엄격하며, 도덕적으로 그 어떤 예외도 두지 않는다. 어떤 상황에서도 나는 자신과 타자를 목적으로 취급해야 한다. 목적에 도달하기 위한 최선의 방식들에 대해 토의할 수 있으며, 제6회 '깐부'에서는 어떻게 하면 최상의 팀을 꾸릴 수 있을까에 대해 게임 참가자 각자가 골몰한다. 추구하는 목적에 대해서 토의하기도 한다. '구슬 놀이'를 할 때 지영은 자기의 결정을 정당화하기 위해 그

<hr>

13   이마누엘 칸트, 앞의 책.

오징어 게임의 철학

렇게 한다. 그러나 도덕 문제를 놓고는 토의하지 않는다.

　　도덕은 계산과 협상의 문제가 아니다. 이런 의미에서 칸트는 타인에게 거짓말할 모든 권리를 거부한다. 왜냐하면 거짓말은 자기 앞에 있는 사람을 조종하고, 또 그를 수단으로 취급하려고 들기 때문이다. 전쟁이 벌어져 내가 자국민을 내 집에 숨기는 상황이 발생한다고 치자. 적이 쳐들어온 후 내 집 지하실에 사람이 있냐고 물어볼 때, 나는 거짓말을 하지 않아야 한다! 최악의 난장판 앞에서도 나는 그를 목적으로 취급하면서 행동해야 한다. 모든 인간 존재는 절대적 가치를 지니고 있다. 하지만 모든 삶이 가치를 지닌다고 말할 수 있을까? 그것은 현실을, 각 상황의 특수성을 부정하는 것이 아닐까? 결정을 내려야 하는 세계 속에서 우리가 살아갈 수밖에 없지만, 모든 결정이 가치를 지니는 것은 아니다. 칸트에 대해 샤를 페기Charles Péguy(1873~1914)[14]가 피력한 그 유명한 표현은 우리가 처한 상황에서 가장 적절한 것 같다.

　"나는 칸트의 방식들을 통해, 칸트 철학을 통해,
　칸트의 도덕을 통해 당신이 이런 대립을

....

[14]　　프랑스 작가이자 시인.

전혀 해결하지 못할 것이라…… 생각한다.

칸트주의는 손이 깨끗하지만, 손을 보유하고 있지 않다.

그리고 못이 박힌 우리의 손, 뼈만 앙상한 우리의 손,

죄에 물든 우리의 손은 때때로 그 안이 가득 차 있다."[15]

_____

우리들의 손과 마찬가지로 「오징어 게임」 등장인물들의 손은 순수하지 않다. 하지만 시리즈 속의 각자는 선택이 강요되며 모든 선택이 가치를 지니지 않는 폭력적인 세계 속으로 다소 용감한 방식으로 뛰어든다. 모든 등장인물의 손은 못이 박혀 있고, 뼈만 앙상하며, 죄에 물들어 있다. 그 누구도 성인이 아니며, 그 누구도 순교자가 아니다. 그리고 바로 이런 이유로 그들이 체험하는 상황은 매우 폭력적이고도 고통스럽다.

자유지상주의 관점은 현실을 망각하고 있다

그러나 정반대로, 자유지상주의 관점 역시 문제가 있다. 동의를

....

15   샤를 페기(PÉGUY Charles), 『빅토르-마리, 위고 백작(*Victor-Marie, Comte Hugo*)』, 1910.

전제로, 개인을 존재 자체에 부여된 모든 가치의 원천으로 만들면서 종국에는 개인도 모든 것을 팔고 살 수 있다고 허용하기 때문이다. 이런 시각은 인간을 상품으로 축소할 위험이 크다. 게다가 이 동의의 개념은 무엇을 의미할까? 정말로 게임에 참석한 모든 개인이 동의했다고 생각할 수 있을까? 1980년대에 메릴 스트리프Meryl Streep(1949~)가 주연을 맡은 영화로 만들어져 큰 성공을 거두었던 소설 『소피의 선택Sophie's Choice』16에서 작가 윌리엄 스타이런William Styron(1925~2006)은 「오징어 게임」 속의 일부 장면들을 능가하는 잔인한 장면을 묘사한 바 있다. 제2차 세계대전 기간 동안 한 어머니는 나치 장교로부터 두 명의 자식 중 하나를 고르라는 요구를 받는다. 둘 중 한 명은 어머니가 키울 수 있는 반면, 다른 한 명은 수용소로 보낸다는 것이었다. 극도의 긴장 속에서 자신이 결정을 내려야 한다는 사실을 의식했을 때, 그녀는 자기가 데리고 있을 아이를 울부짖으며 지명한다. 우리는 다른 아이보다 한 아이에게 그녀가 더 가치를 부여했다고 생각하면서 동의했다고 말할 수 있을까?

....

16 윌리엄 스타이런(STYRON William), 『소피의 선택(Le Choix de Sophie)』[원제는 Sophie's Choice], 1979.

| 윤리와 도덕 구별하기 |

결정, 선택, 행동은 자신이 세상 속에 내던져지고 희생을 요구하는 복잡한 특수 상황 속에 빠져들었음에도 행할 수밖에 없는 일들이다. 페기의 표현을 다시 빌려오자면, 손을 쓰는 방식이자 사전에 만들어지거나 미리 주어진 답이 없다고 생각하고 현실의 모든 우둘투둘함, 모든 긴장, 모든 어려움을 고려하면서 현실과 마주함을 뜻한다. 바로 그것이 윤리와 도덕 사이를 구분하는 의미다. 원래 이 두 용어는 거의 같은 뜻을 지니고 있었다. 윤리éthique란 용어는 '습관'을 뜻하는 그리스어 '에토스ethos'로부터, 도덕morale은 '관습에 관한'을 의미하는 라틴어 '모랄리스moralis'에서 파생됐다. 하지만 우리는 여기서 차이를 따져볼 수 있다. 예를 들어 생명공학 분야라고 하면 우리가 생명 윤리에 대해 이야기하지 '생명 도덕biomorale'에 대해 이야기하고 있지 않음을 주목하자. 도덕은 '살인하지 말라', '거짓말하지 말라'와 같이 명령을 통해 작동되는 것이다.

윤리는 각 상황의 독특함에 대한 고려를 강조한다. 의사가 환자 앞에서 결정을 내리거나, 심지어 그에게 나쁜 소식을 전해야 할 때의 의료윤리가 그렇다. 윤리는 타자에 대한 염려 혹은 독특한 상황이라는 맥락 속에서의 배려를 전제로 한다. 우리가 합리적인 주체들과 한 공간에서만 사는 것이 아니며, 모두가 독특한 이야기를 지닌

오징어 게임의 철학

개인들과 함께 살아가기 때문이다.

때로는 긴급하게 태도를 정해야 한다. 꼭 선善을 행하기 위해서가 아니고, '가장 적은 악'을 행하거나 할 수 있는 최선의 것을 행하기 위해서다. 때로는 다른 사람보다 어느 한 사람에게 가치를 더 부여할 수밖에 없는 상황에 놓인다. 예를 들어 이상을 잃지 않으면서도 의사가 누구를 구해낼지를 선택해야 할 때가 그렇다. 그때 윤리는 도덕과 합류한다.

제3의 길?

우리는 「오징어 게임」 제7회 'V.I.P.S'에서 제3의 길과 맞닥뜨린다. 게임 참가자들은 허공 위에 유리판으로 만들어진 길 위를 지나가야 한다. 그들은 서로를 따라가지만, 시간은 제한되어 있고 둘 중의 한 유리판은 인간의 몸무게를 감당할 수 없다. 그 길을 택할 경우, 즉시 유리판이 깨지며 아래로 떨어져 죽게 된다. 하지만 각 참가자는 유리판 위에 올라설 수밖에 없고, 앞으로 나아가기 위해 참가자들은 선두에 선 사람이 결정을 내릴 때까지 기다려야 한다. 그는 사람들이 매 단계에서 어떤 유리판을 밟아야 안전한지를 알게 해주는 인물이다. 만약 선두에 선 참가자가 다음 단계로 넘어갈 능력이 없을 때는 남은 그룹이 죽임을 당한다. 그가 떠밀리면서 나가게 되면, 그는 견고한 유리판 위에 발을 내딛거나, 아니면 나쁜 유리판을 밟아 죽어야 한다. 하지만 이 방식은 그를 뒤따르는 참가자들이 다음 단계로 넘어갈 수 있도록 해준다.

이 게임이 끝날 때 참가자 중 4명이 살아남았고, 뛰어넘어야 할 마지막 단계만 남는다. 앞선 자가 훌륭한 결정을 내리면 모든 사람이 구출될 수 있다. 시간 내에 완수한다는 조건에서다. 그가 만약 나쁜 결정을 내리면 그가 죽는 대신 나머지 3명의 목숨이 구출된다. 상우는 선두에 선 참가자 대신에 결정을 내리며 그를 밀어버린다. 선두에 섰던 사람은 나쁜 유리판에 발을 디디면서 죽음을 맞이하는 반면 나머지 3명의 참가자 목숨은 구출된다.

이 게임에서 4명의 게임 참가자는 죽을 위기를 겪는다. 1명의 참가자를 희생시키면 나머지 세 사람은 확실히 살아남는다. 결정은 가장 많은 사람의 이익에 근거한 계산과 연결돼 있다. "가장 많은 숫자의 가장 큰 행복이 정의로운 것과 불공정한 것의 척도다."[17] 그것이 '공리주의utilitarisme'라 명명한 사상의 원칙이다. 훌륭한 결정을 내린다는 것은 모든 이익을 합산하고, 거기에서 비용을 빼고, 어떤 행동의 결과를 평가하는 일이다. 이런 관점은 이기적이지 않다. 개인의

---

17   제러미 벤담(BENTHAM Jeremy), 『정부론에 관한 단편(*Fragment sur le gouvernement*)』[원제는 *A Fragment on Government*], 1776.

행복에 근거를 두고 있지 않은 대신, 공동체의 행복에 근거를 두기 때문이다. 하지만 이런 원칙을 확장할 수 있을까?

공리주의 사상가 벤담

제러미 벤담Jeremy Bentham(1748-1832)과 존 스튜어트 밀John Stuart Mill(1806-1873)은 공리주의의 기초를 세운 이론가들로 평가되는 2명의 영국 사상가들이다. 그들은 유용성utilité이라는 개념을 발전시키면서 정치경제학과 사회과학 분야에서 상당한 영향력을 행사했다.

우선 공리주의는 우리가 결과를 전적으로 평가할 수 있음을 전제로 한다. 그러나 한 개인의 희생이 공동체에 어떤 결과를 가져오는지 측정하기는 어렵다. 공동체를 위해 커다란 업적을 남길지도 모르는 한 개인을 희생시키고 있을 수도 있고, 그 개인의 사라짐이 측근들에게 불행한 결과를 낳으면서 공동체를 침해할 수도 있다.

다음으로 이런 관점이 희생의 논리에 근거를 두고 있다는 점에서 도덕적인 문제들이 제기된다. 가령 고문은 왜 정당화하지 않아야 할까? 나는 나 자신을 희생하기를 결정할 수 있지만 타인의 희생을 결정하는 것은 전혀 다른 문제다. 게다가 우리는 『소피의 선택』이 묘사하고 있는 상황에서 보듯이, 도덕은 이런 선택 자체를 거부하지만, 유용성에 대한 고찰은 소피가 희생자를 지정하기를 요구한다. 또 이런저런 사람의 희생을 받아들이는 것이 합리적이라고 주장한다. 이처럼 공리주의적 이성은 도덕과 불화를 겪게 된다. 희생의 논리가 민주주의 사회에서 사라지지 않는 점을 주목하자. 가장 많은 숫자의 행복이란 명목하에 소수자의 권리는 경제적 효율이라는 이유로 희생되기도 한다.

오징어 게임의 철학

3. '가치'라는 단어의 의미 구별하기

특히 '가치'라는 용어가 서로 다른 여러 현실을 가리킬 수 있어 어려움이 있다.

존재한다는 사실만으로 인간의 존재는 가치가 있다. 바로 이 원칙이 도덕적으로 볼 때 모든 목숨이 동등한 가치를 지닌다고 생각하게 만든다. 그 결과 가장 악질의 범죄자조차 권리를 지니며, 물건처럼 취급당해서는 안 된다.

가치에는 필요와 요구에 따라 물건이 교환되게 만드는 상품으로서의 가치도 있다. 이 가치와 앞서 말한 가치, 두 가지 종류의 가치의 원칙들을 결합해서 보면 도덕적으로는 그 어떤 인간 존재도 팔릴 수 없다.

또 다른 경제적 차원인 비용으로서의 가치도 있다. 일부 경제 분야에서 사람들은 인간 목숨의 비용을 계산한다. 목숨에 가격이 있다는 것을 말하기 위함이 아니다. 여기서 말하는 비용은 사람들이 사망의 위험을 조금이라도 줄이기 위해 기꺼이 대가를 치를 것이라는 동의를 지칭한다. 도덕성으로 보면 충격이지만, 보건 정책이 이윤을 창출해 재정을 충당한다는 사실을 인정하는 문제다. 따라서 이런 비용은 계산에 달려 있다. 문제는 이 비용을 한 국가의 부富와 이 부를 재분배하는 정책에 의존해 계산한다는 데에 있다. 그러한 접근 방식은 인간의 존재에 부여된 가치와 모순된다. 어떤 기준에 따라 정책을 결정할지를 물어보게 된다. 그리고 공공 정책, 부의 재분배 등의 문제를 제기한다. 이 경우에도 이미 설정한 기준은 동의다. 그렇다면 동의에 어떤 의미를 부여해야 할까?

경제적 가치가 우리가 생각하는 유일한 범주는 아니다. 예를 들어 자기 소유권이 자기 장기 중 하나를 파는 것을 정당화할 수 있다는 논리를 자유지상주의 관점이 지지하고 장기 매매 금지가 부당하다고 생각한다면, 그 관점은 불평등과 경제적 필요 문제를 간과하고 있다. 개인들이 장기 매매를 할 수밖에 없는 국가들을 찾아내는 것만으로도 그 사실을 입증하기에 충분할 것이다.

이제 우리가 완전히 윤리의 영역으로 들어가면 그 누군가의 기대수명에 기초하는 가치가 존재한다. 그리고 거기에서 우리는 특별한 상황이 주는 어려움에 직면한다. 우리가 선택할 때, 아주 나이가 든 사람이 훨씬 나이가 어린 사람보다 우선적인 치료를 받지 못할 상황을 생각할 수 있다. 하지만 조심해야 한다. 그것을 일반적인 규칙으로 만들면 아주 위험한 처지에 빠져들 수 있다. 기준의 한계를 어디까지 둬야 할까? 갓 태어난 아기가 30세 나이의 성인보다 더 우선한다고 생각해야 할까? 어떤 범주에 따라 결정해야 할까? 오랫동안 여인이 출산할 때 분만에 문제가 생기면 아이의 목숨을 우선시했다. 하지만 시대가 변했다. 무엇이 그러한 결정을 내리도록 할 수

오징어 게임의 철학

있을까?

　마지막으로 우리가 자신의 목숨에 부여하는 방식과 관련된 가치가 있다. 제5회 '평등한 세상' 속의 지영이 그 좋은 사례다. 하지만 비록 그녀가 자신을 희생하는 것에 동의한 이 경우에도 그로부터 일반적인 규칙을 만들어내는 것은 어렵다. 사람들이 '동의'라 부르는 것에 대한 의미 부여를 또다시 전제로 한다.

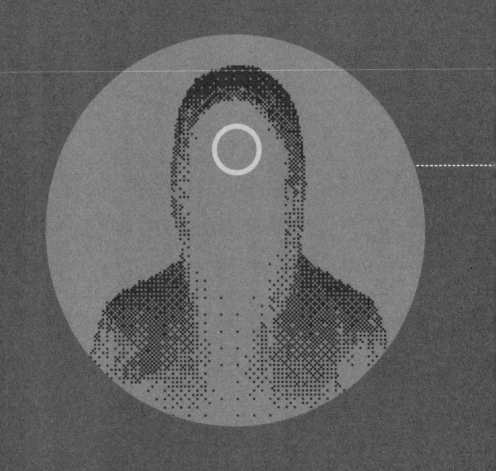

제2장

민주주의란
무엇일까?

1. 민주주의는 투표일까?

동의, 공동의 규칙을 중심으로 한 참여, 모두의 평등에 근거한 정치체제가 있다. 바로 민주주의다. 생각지도 못하겠지만, 「오징어 게임」의 세계가 수용소 세계의 형태를 많이 띤 민주주의적 세계라고 말한다면 충격적일 것이다. 그러나 생각해보라. 지원자들은 게임에 참가하기를 결정했고, 게임으로부터 빠져나오는 일을 투표에 부쳤으며, 계약 내용을 알고 계약을 받아들이면서 게임으로 되돌아오기를 동의했다. 또 똑같은 규칙을 따른다는 의미에서 그들은 평등한 입장이었다. 그렇다면 이는 현대의 모든 민주주의 원칙에 따른 것이 아닐까? 그것은 민주주의일까?

참가자들이 게임으로 되돌아오기를 받아들였다면 그들이 궁지

오징어 게임의 철학

에 몰리고 패배했기 때문이다. 그리고 동시에 게임이 주는 이득이 그들에게 절실했기 때문이다. 그들에게는 바깥세상의 삶이 너무나 폭력적이고 불평등하게 돼버렸기에, 그 세계에서 벗어나기를 기대할 수 있는 유일한 수단은 구체적인 규칙들이 딸린 계약서에 서명한 후 게임 참가를 받아들이는 일이었다. 주최 측의 허가를 받은 후 각자는 게임에 참가한다. 그러나 다수가 원한다면 투표를 통해 그 게임을 끝낼 수도 있었다. 다수의 사람이 약간의 불안감을 가지고 제1회 '무궁화꽃이 피던 날' 마지막에 게임에서 빠져나가게 된다.

그러나 외부 세계의 폭력 확인이 제2회 '지옥' 마지막에 187명을 게임으로 되돌아오게 만든다. 여기에는 차이가 존재한다. 게임으로 되돌아온 사람들은 사정을 잘 알고 게임에 참가한다. 그들은 게임에서 진 사람들이 처형되는 광경을 목격한 자들이며, 자신들도 이런 위험을 겪게 될 사실을 알고 있다. 그들이 체결한 것은 새 계약이다. 당연히 실제 삶의 폭력성은 그들이 새로운 조건을 받아들이도록 떠미는 속박으로 작용한다. 그들은 마음에서 우러나서 게임에 참가하지 않는다. 마음에서 우러나지 않고 이성적으로 결정한 일이었다. 더 정확하게는 합리적인 계산의 결과였다. 탐욕, 인정에 대한 욕구, 외부 세계의 경쟁이 이 개인들을 패자로 만들었고, 패자로서는 삶이 더 이상 가능하지 않은 것이다. 그러나 바로 이런 동질의 열정이 그들이 게임에 참가하고, 또 게임으로 되돌아오는 것이 이익이라고 생각하게 만든다. 현대 민주주의의 기저를 이루는 모든 계약 형태를 우리가 접하는 것이다. 그 형태를 최초로 정의한 인물은 영국 철학자 토머스 홉스Thomas Hobbes(1588~1679)다.

홉스의 계약

1588년 영국에서 출생했고, 1679년 영국에서 사망한 홉스는 근대 정치철학의 대부 중 한 사람이자 근대국가를 고찰한 사상가였다. 그는 인간의 본성과 열정에서 출발해 인간들이 자신들에 몰두할 때, 모두 서로 대립하고 각자 서로 싸우는 전쟁 상태에서 살게 될 것이라고 추론한다. 홉스는 그것을 '자연 상태[état de nature]'라 명명했다. 그러한 상태에서 각자는 언제든지 재산과 목숨을 잃어버릴 위험을 지닌다. '인간은 인간에 대한 이리'이기 때문이다. 하지만 인간이 욕망과 열정에 따라 행동한다 해도, 인간은 성찰하고 계산하게 해주는 이성이라는 능력을 보유하고 있다. 바로 이런 계산은 인간이 자연 상태에서 벗어나는 수단을 찾아내게 한다. 그를 위해 인간들은 합의하고 계약을 맺는다. 그들은 모두가 잃을 것이 있기 때문이다. 이런 계약은 예속 조항으로 구성되는데, 그 조항에 따르면 각자는 자신의 권위와 힘을 모두의 평화와 안전을 보장하는 공동의 권력, 통치권자[인간이나 의회]에게 양도한다. 이런 권력은 계

오징어 게임의 철학

약 당사자가 자신의 약속을 지키도록 그들을 규제하는 데 필요한 힘을 보유하게 된다. 사람들의 말이나 그들의 참여 약속만으로는 신뢰할 수 없기 때문이다. 이런 권력은 자의적이지도 전제적이지도 않다. 그것은 최고의 권한을 가지며, 신화 속에 등장하는 괴물인 리바이어던The Léviathan이란 이름을 가진다. 그 권력은 괴물 모습을 할 수밖에 없다. 약속이 확실히 지켜지려면 겁을 줘야 하기 때문이다. 그러나 그 괴물은 같은 계약에 참여한 모든 주체의 평등을 보장하며, 판결에 근거를 둔다. '계약주의적contractualiste'이라고 명명하는 이런 접근 방식은 근대국가 개념의 기저를 형성한다.

홉스는 권리를 가진 주체의 평등에 대해 진지하게 사유한 최초의 인물 중 한 명이었다. 이런 연유로 150년이 지난 후에도 그는 여러 인권 선언문에 이름을 올리게 된다.

홉스가 설파한 계약은 평화와 안전을 보장하는 일이 관건이다. 「오징어 게임」 안에서는 그에 해당하는 사항이 없다. 단 한 명의 게임 참가자만이 마지막에 자신의 재정적 안정이 보장된다. 그때를 기다리면서 각자는 자기 이웃을 두려워하고, 제거되지 않기 위해 타인들과 무리를 지을 수단을 찾아 애쓴다. '쫄려도 편먹기'란 제목을 단 제4회에서는 새로운 사건들이 이상하게 벌어진다. 음식물을 나누어 줄 때 몇몇 사람들은 음식이 두 번 제공된다. 그러자 101번 참가자가 다른 참가자를 때리기 시작하며 사람을 죽인다. 모든 게임 참가자가 패자에게 가해지는 죽음에 에워싸여 있지만, 이 경우 죽음은 스캔들로 등장한다. 공정하지 않은 것이다! 우리는 외부의 삶이 패자를 반항하게 만드는 모습을 한 번도 보지 못했고, 정해진 규칙을 벗어난 한 참가자의 살인은 우리가 받아들일 수 없는 모습으로 비친다.

생존을 위해 투쟁하고 폭력적인 방식으로 죽는 것을 매 순간 두려워하면서 사람들이 빠져나오려고 애쓰는 자연 상태를 게임이 재현한다면, 게임 참가자들은 계약 속에 자신들이 약속한 권력으로부터만 죽음이 올 수 있다고 생각한다. 마치 합법적인 살인이 있고, 불법적인 살인이 있다는 듯이. 이 경우에도 동의와 약속의 형태가 차이를 만들어내기 때문이다.

자신들의 약속을 통해 모든 개인은 똑같은 권리, 지켜야 할 동일 법을 가진 동일 조건에 놓여야 한다. 게다가 그들은 투표를 통해 계약을 파기하고 게임에서 빠져나갈 가능성을 가지고 있다. 이런 가능성에 대해서는 홉스 자신도 사유한 바 있다. "그 누구도 죽음, 상해, 감금으로부터 자신을 지킬 권리를 포기할 수 없다. 그것들을 피하기 위해서만 우리는 모든 권리를 포기한다."[18] 삶과 안전은 하나의

....

18   토머스 홉스(HOBBES Thomas), 『리바이어던(Léviathan)』, 1651.

전제 조건이다. 이런 의미에서 게임에 참가하기 위해 체결한 계약은 홉스의 계약이지만 홉스 자신은 체결하지 못했던 계약이 아닐까? 우리들의 현대 민주주의는 야만적이고도 잔인한 체제가 탄생하도록 내버려 두지 않았던가? 우리에게 묘사됐고, 게임에 참가한 각자가 피하려고 애쓰는 세계의 난폭함은 현대 민주주의 국가의 난폭함이 아닐까? 그 속에서는 경제적 질서로의 예속이 개인들의 삶을 규칙적으로 위험에 빠뜨리고 있다. 그렇다면 민주주의적 착각에 관해 이야기해야 한다. 민주주의를 신봉하는 것이 아직도 의미가 있을까?

2. 민주주의적이라는 착각, 동의라는 착각

게임에 다시 합류하려는 결정이 외부 상황에 의해 강요됐기는 하다. 그러나 우리는 우리가 홀로 빠져나올 수 없어 사회를 이뤄 살아가고 있는지도 모른다. 자연 상태에서의 삶이 참을 수 없기에, 우리는 그 삶을 더 참을 수 있도록 만들기 위해, 우리의 권위와 힘을 포기하고 양도할 준비가 된 것이다. 우리는 선택과 동의를 근거로 민주주의를 생각한다. 그러나 우리가 주체적으로 선택한다고 생각하는 것은 착각이 아닐까?

민주주의에 대한
| 플라톤주의자의 비판 |

반反민주주의자 플라톤Platon(B.C.428~B.C.347?)

플라톤은 기원전 428년에 아테네에서 출생했다. 그는 29세 나이에 소크라테스Socrates(B.C. 470년 ~ B.C. 399년) 재판에 참석한다. 플라톤이 아주 부당하다고 느꼈던 이 사건은 그가 철학에 입문하게 된 결

오징어 게임의 철학

정적인 계기가 된다. 그는 정의로운 도시가 어떤 것인지, 가장 정의로운 자들이 자유롭게 살 수 있는 도시가 어떤 것인지에 대해 끊임없이 성찰했다. 이런 시각을 통해 플라톤은 민주주의를 비판한다. 많은 대화집을 남겼던 그는 전혀 책을 쓰지 않았던 소크라테스를 거의 모든 저서 속에 등장시킨다. 아테네에서는 아카데메이아Acadēmeia라는 학교를 열었고, 폭군이었던 시라쿠사Siracusa의 왕 디오니시우스Dionysius의 자문역을 맡기 위해 여러 차례 학교를 떠났다. 하지만 자문역 역할은 처참하게 실패로 끝난다. 기원전 347년 혹은 346년에 아테네에서 사망했다.

여기서 민주주의에 대한 첫 번째 환상이 등장한다. 우리가 우리의 욕망에 최종적으로 이끌릴 때만 선택한다고 믿는 것이다. 그러나 거기에는 위험도 존재한다. 질서를 유지하기 위해, 게임 참가자들 각자가 그 장소에 있을 충분한 이유가 있고, 경쟁자의 사라짐이 최악의 일이 아니라고 계속해서 믿게끔 하기 위해, 죽는 자들이 늘어날 때마다 돈이 채워지는 투명 저금통이 천장에 버젓이 매달려 있다. 그런 식으로 가장 먼저 사람들의 욕망에 호소한다.

플라톤이 민주주의에 대해 끊임없이 비판하는 부분이 바로 이 부분이다. 민주주의는 매력적인 체제다. 자신의 의견을 개진할 수 있다는 느낌을 각자에게 주기 때문이다. 그러나 민주주의는 무지와 욕망에 제일 먼저 자리를 내준다. 그러므로 폭군이 자리를 잡고 권력을 쥐기에는 민주주의가 최상의 수단이다. 민주주의에서 정치는 전문가에게 의지하지 않는 유일한 분야다. 몸이 아플 때 의사를 찾고 자동차가 고장 났을 때 정비공을 찾지만, 정치에서는 모든 사람이 아주 무지한 상태에서도 자기 의견을 개진할 수 있다고 생각한다. 동의한다고 생각하지만, 사실은 모르는 채 결정하는 것이다. 사람들은 투표가 의미가 있다고 생각하지만, 그것은 조작의 결과에 불과하다. 게다가 우리 자신도 관객 자격으로 속음을 당한다. 제1회 '무궁화꽃이 피던 날' 마지막 부분에서 우리는 앞으로 벌어지는 모든 일을 기획한 오일남이 타인들과 똑같은 조건에서 투표한다고 믿는다. 우리는 이미지에, 외관에, 사람들이 우리에게 해주는 이야기에 속는다. 민주주의는 우민 정치에 완전히 자리를 내주며, 폭정으로 전락할 뿐이다.

플라톤은 민중에 의한 민중의 권력은 종국적으로 위험하며 결과가 불행하다고 우리에게 경고했다. 민중이 직접적으로 의사를 표현하는 모든 국민투표가 갖는 문제점 중의 하나다. 일어날 일의 결과를 알지 못한 채 사람들은 찬반 투표를 던진다. 브렉시트Brexit 다음날인 2016년 6월 24일, 사람들은 '탈퇴leave'를 적극적으로 부르짖었던 자들이 TV에서 생방송으로 다음과 같이 이야기하는 모습을

오징어 게임의 철학

접할 수 있었다. 그들은 무슨 일이 일어날지 알지 못했고, 전통적으로 유럽에 쏟아부어 왔던 자금을 보건 당국으로 이전하는 일은 그러지 말았어야 했다는 것이다. 아무 상관이 없기 때문이었다.

결과에 대한 이런 무지는 곳곳에 존재한다. 「오징어 게임」에서 게임이 시작되는 초반기에 참가자들은 어떤 일이 벌어질지 모르는 채 게임에 뛰어든다. 그들은 게임의 성격에 대해 전혀 몰랐다. 팀을 짜야 할 때조차 그들은 어떤 테스트가 벌어질지 몰랐다. 남자들 혹은 여자들과 팀을 꾸려야 할지, 육체적으로 건장한 자들과 팀을 꾸려야 할지 아니면 약삭빠른 사람들과 팀을 꾸려야 할지조차 전혀 몰랐다.

| 어떤 민중? |

플라톤의 비판 이면에는 민중에 대한 모종의 개념이 존재한다. 민주주의라는 것이 민중에 의한 민중의 권력이라면 민중이란 무엇일까? 플라톤에게 민중은 무엇보다도 정치적 삶에 참여할 권리를 요구하는 개인들의 총체다. 그러나 이 민중이란 용어는 다양한 현실을 가리키기도 한다. 정치 현실과 관련을 맺을 때는 영토 공동체를 지칭하는 그리스어 '데모스dêmos'의 의미와 가깝다.['데메dème'는 아테네의 행정 구분을 의미하고, '데모스'는 아테네에 거주하는 시민들의 집합체를 의미한다.] 그러나 '작은 민중'을 말할 때는 사회적 의미를, 공동의 문화에 속하는 집단을 지칭할 때는 민족학적 의미를 띠기도 한다.

　「오징어 게임」 속의 민중은 행동의 제약이 돼버린 사회적 상황을 제외한다면 서로 모일 일이 전혀 없는 개인들의 총체다. 오일남은 무엇보다도 삶의 막바지에 도달했기에 그 이유 하나로 그곳에 있으며, 상우는 교육받은 토박이 모습을 대변하면서도 파산했기에, 알리는 착취를 당하는 외국인 이민자이기에, 덕수는 외국에서 활동하는 마피아이기에, 한국인 기훈은 경제 위기의 희생자이기에 게임에 참가한다.

　자신의 사회적 상황에 따라 행동할 수밖에 없는 다양한 출신의 개인들로 구성된 민중이 일부분 우리 민주주의의 현실이 아닐까? 때로는 궁지에 몰려 투표하면서 말이다. 또 배척의 논리를 생산하는 태도인 민족적, 문화적 정체성 안에서 자신을 생각하는 민중의 상상계想像界, Imaginary를 대립적인 방식으로 표출하는 것이 아닐까? 그때 알리는 덕수보다 더 낯선 인물이 된다.

　그렇다면 플라톤에게 정당성을 부여하고 민주주의는 비판해야 하는가?

3. 민주주의가 실제로는 전제주의에 지나지 않을 때

불평등이 우리에게 불합리해 보이기에 우리는 평등을 원한다. 적어도 게임 속에서는 모든 사람이 평등하다. 규칙은 단순하며, 모두에게 똑같이 적용된다. 현대 국가의 민주주의적 이상도 그렇게 보인다. 특권, 특혜와 맞서 싸우며 모두가 동일 권리를 가진다고 생각한다. 갓 태동하는 민주주의를 관찰하기 위해 19세기에 미국으로 떠난 철학자 알렉시스샤를앙리모리스클레렐 드 토크빌Alexis-Charles-Henri-Maurice-Clérel de Tocqueville(1805~1859)이 이미 강조했던 내용이기도 하다. 민주주의는 체제일 뿐만 아니라 정신 현상이기도 하다. 민주주의 속의 개인들은 평등에 대한 열정으로 움직인다. 그러나 권리의 평등을 주창하는 민주주의가 모두 비슷하면서 동등한 인간들을 양산하는 데서 불행이 존재한다. 그런 인간들은 오직 개인적 행복이나 개인적 이익을 충족시키기 위해서만 움직인다. 이런 충족이 현대 민주주의적 인간에게는 유일한 동인動因이 된다.

민주주의에 대한 사상가 토크빌

토크빌은 사회학을 이끈 프랑스 철학자이자 정치인이다. 가장 유명한 토크빌 저서인 『미국의 민주주의*De la démocratie en Amérique*』[19]는 민주주의 체제, 민주주의의 위험과 역동성, 미덕을 다룬 분석서다. 책의 성공에 힘입어 토크빌은 도덕·정치 아카데미[Académie des sciences morales et politiques]와 아카데미 프랑세즈*Académie française* 회원으로 차례로 선출된다. 1848년 헌법의 작성에도 참여하며, 루이나폴레옹 보나파르트*Louis-Napoléon Bonaparte*의 쿠데타 직후 정계에서 은퇴했다.

토크빌은 '온화한 전제정치[despotisme doux]'에 대해 말했다. 「오징어 게임」 속에서 등장하는 폭력과는 거리가 멀지만, 이런 전제정치는 「오징어 게임」 속에서도 찾아볼 수 있는 개인들의 탈정치화나 시민들을 소비자, 재화 소비자, 권리 소비자로 변모시키는 사회의 분열로 연결된다. 제1회 '무궁화꽃이 피던 날' 마지막 부분에서 집단적 반항이 폭발하지만, 그 직후 폭발은 진정되며 사라져버린다. 각자

---

19   알렉시 드 토크빌(TOCQUEVILLE Alexis de), 『미국의 민주주의(*De la démocratie en Amérique*)』, 1835.

가 게임으로 되돌아오기를 결정한 것이다.

현대 민주주의는 폭력적으로 변할 수 있는 독재 권력에 조금씩 자리를 내주면서 개인주의를 발전시켰을 뿐이다. 20세기에 민주주의로부터 전체주의 체제가 탄생할 수 있지 않았던가? 우리가 토크빌에게 귀를 기울인다면, 21세기에 민주주의가 철회되는 꼴을 보게 된다 해도 그다지 놀랍지 않을 것이다. 바로 이런 사회의 분열과 개인주의는 자신들이 승자가 된 사회 풍경을 보려고 애쓰는 VIP들을 즐겁게 해준다. 바로 이런 분열 자체가 단 한 명만이 돈을 차지할 수 있다고 생각하게 만든다. 또 개인주의자들의 눈멂은 모든 인간관계를 파멸시키는 것처럼 보인다. 단 한 명만이 승리할 수 있다면 부부는 어떻게 함께 게임을 할 수 있을까? 남편은 자기 아내가 '구슬 놀이'에서 진 후 죽임을 당하는 모습을 참아낼 수 없을 것이다. 하지만 게임 마지막에 단 한 명의 승자만이 남을 수 있다면 게임을 하는 것 외에 다른 방법이 없을지도 모른다.

「오징어 게임」이 우리에게 보여주는 광경은 세상의 폭력, 민주주의가 최악의 결점들을 드러내는 마지막 단계 등이다. 그리고 그 모든 것은 게임 참가자나 교도관 할 것 없이 각자가 동의한다는 담론으로 형성된다.

프리드리히 빌헬름 니체Friedrich Wilhelm Nietzsche(1844~1900)의 말처럼, 개인들이 그런 공포에 동의했다고 해도 새삼스럽지 않다. 기껏해야 사람들은 그들이 동의했다는 점을 그들에게 반복해서 말할 것이다. "당신들은 선택할 수 있습니다. 게임을 떠나는 것을 '민주적으로' 결정할 가능성이 늘 열려 있습니다." 투표하기 때문에, 선택할 수 있다고 믿기 때문에, 안전의 추구에 무엇보다도 몰두하기 때문에 사람들은 최악의 체제를 향해 달려간다. 우리에게 반복되는 표현은 다음과 같다. "당신들이 선택했습니다. 민중이 선택했습니다. 당신들이 복종하는 권력기관은 민중입니다." 조작의 정점은 당신이 당신에게 일어난 일을 책임지고 있고, 그 책임을 담당해야 한다는 점을 믿게 하는 것이다.

병든 문명 머리맡의 철학자 니체

니체는 그 자신의 표현을 빌리자면 '망치질[à coups de marteau]'로 철학을 만든 독일 철학자다. 망치는 파괴하는 도구지만, 의사가 기능 장애를 진단하기 위해 사용하는 도구이기도 하다. 니체는 병든 문명의 머리맡을 살펴보고, 증상들을 진단한 후 그 문명의 계보를 만들어낸다. 문명이 재빨리 배반한 철학의 이런 몸짓, 다시 말해 모든 전제의 질문을 끝까지 완성하려고 애쓴다. 우리가 있는 곳까지 어떻게 도달했을까? 진실, 책임, 진보, 의식의 자유 같은 가치들을

오징어 게임의 철학

끊임없이 휘두르는 이유는 무엇일까? 이 아름다운 담론 뒤에 무엇이 숨어 있는지 의심해야 한다.

이 세상 모든 현상은 자유라는 미명으로 우리를 예속시켜왔던 긴 역사의 결과물이다. 게임 참가자들도 자유롭지 않고, 교도관들도 자유롭지 않으며, VIP들도 자유롭지 않다. 의지의 자유는 착각에 불과하다. 그들이 끝내 어떤 형태로든 동의했다면 실은 모두가 복종한 것이다. 부유한 주최 측 관계자들이 자유롭다고 생각하는 것은 착각하고 있기 때문이다. 그들 역시 우리가 영위하는 현대사회의 결과물이다. VIP들조차 모든 사람이 필요로 하는 것이 무엇인지 이해하기 위해 오직 여론에 자신들의 경쟁력을 집중하면서 부를 축적했다. 제7회 'V.I.P.S'에서 우리는 사람들의 진부한 모습을 구경하게 된다.

마지막으로 민주주의는 평등에 대한 열정, 자신이 발전시킨 개인주의, 그리고 인간을 책임 있는 존재로 만들어내는 일을 완성한다. 이런 열정은 호소력이 너무나 강해 게임을 계속할지를 투표할 때, 모든 참가자는 자기들 목숨이 걸려 있는 데도 단 한 명의 결정에 매달린다.

그렇다면 이런 책임이 어디서 비롯된 것일까? 그 책임이 어떻게 탄생했을까? 「오징어 게임」 등장인물 중 한 명이 그것을 완벽하게 말해주고 있다. 244번 참가자는 끊임없이 기도를 드리면서 신에게 자신을 내맡긴다. 그 모든 것이 부채 의식을 심어준 기독교와 더불어 정착됐다고 니체는 설명한다. 내가 실수할 경우, 그 실수를 내가 책임져야 하고 내가 스스로 속죄해야 한다. 기독교는 무엇보다도 신 앞에서의 평등과 책임이라는 두 가지 차원을 발명해냈다고 니체는 말한다. 현대 민주주의는 이런 발명의 완제품이자 현대 국가라는 제도 장치 속에 자리 잡은 것에 불과하다. 현대 국가는 부채를 계약으로 만들어 부채 외연화를 완성한다. 즉, 현대적 권리의 주체는 국가에 대해 소명해야 할 의무를 자신을 징벌할 권리를 전적으로 가진 국가에 같이 맡겼다. 계약과 똑같이 그는 개인적인 책임을 지고 있지만 그가 약속한 책임자는 국가이기 때문이기도 하다.

현대 민주주의 국가는 개인들을 훨씬 더 예속시킨다. 미래에 대한 예언자로서의 니체는 이런 현대 국가가 "차가운 괴물 중에서 가장 차가운 존재[le plus froid des monstres froids]"[20]가 될 위험이 크다고 우리에게 알려줬다. 홉스의 리바이어던을 연상시키는 표현이다. 이 기괴한 차가움은 20세기에 대두했고 수용소가 실험실이었던

....

20　프리드리히 니체(NIETZSCHE Friedrich), 『자라투스트라는 이렇게 말했다(*Ainsi parlait Zarathoustra*)』[원제는 *Also sprach Zarathustra. Ein Buch für Alle und Keinen*], 1883.

　　　　　　　　　　　　　　오징어 게임의 철학

전체주의 국가들을 통해 현대성이 우리에게 보여준다. 소비에트 체제는 부르주아bourgeois 국가와 국가가 소멸하기 전의 과도기로서 임시 프롤레타리아 독재가 등장한다고 주장했다. 이런 과도기는 소비에트 체제 내내 지속되며, 체제가 붕괴하면서 사라졌을 뿐이다. 나치 체제는 자신이 독일 국민의 미래와 영광을 위해 봉사한다고 끊임없이 주장했다. 폴 포트Pol Pot 정권은 모두의 선을 위하고 자본주의와 미국 제국주의에 반대한다는 명분으로 170만 명 이상의 목숨을 앗아간 독재 체제를 수립했다. 현대의 자유민주주의는 모두를 부유하게 하고 안락하게 한다는 구실 아래 수백만 명의 죽음을 초래한 자원의 소비와 지출 논리에 그 자리를 양보했다. 죽은 자들은 세계로부터 배척된 자들로 그곳에서 더 이상 자신들이 설 자리가 없었다. 그 세계 속에서 그들은 때때로 민주주의를 지켜내기 위해 목숨을 걸고 싸워야만 했다. 극도의 빈곤 때문에 세계에서는 매일 5만 명이 죽어간다. 2014년부터 지중해에서는 2만 명 이상의 이민자가 목숨을 잃었다.

이런 차가움은 '무궁화꽃이 피었습니다'에 박자를 맞추는 인형의 기계장치이자 패자들에 대한 기계적인 도살이다. 이런 차가움은 생존 장면에 영원히 붙어 다니는 죽음이기도 하다.

현대 국가는 경제적, 사회적, 이데올로기적, 문화적, 정치적 축에 따라 사회의 틀을 만들고 설계해야 온전한 체제로 작동한다. 이런 의미에서 국가는 생명력을 침묵으로 축소해버리고, 개인들을 끊임없이 자기 통제 아래 놓는다. 이것이 니체가 국가가 '죽음을 품고 삶을 무화無化시킨다'고 주장한 이유다. 국가의 부재가 무질서에 이를 위험이 크다고 생각할 수도 있다. 그러나 국가에는 민중의 이름으로 소외 장치들을 만들어내고 혼란을 조성해 자신의 권력을 확장할 위험이 상존한다. 우리는 모든 사람이 국가에 탑승하고 있다는 사실에 공포를 느낄 수도 있다. 건강을 기성 질서에 예속하는 또 다른 가치로 만들어내고, 모든 사람의 책임과 연대를 내세우며 건강을 지키기 위해 지구의 절반이 자기 집에 갇혀 있어야 한다면, 우리는 니체의 발언이 얼마나 설득력 있는지 알 수 있을 것이다. 권력과 감금의 논리는 이같이 생명력을 유폐하면서 완성된다. 역설적으로, 그러한 생명력은 오직 치료받을 가능성을 축소할 뿐인 국가에 의해 보장되지 않는다. 진짜 질병이 어디에 있는지 이제 우리가 질문해볼 수 있다. 치명적인 바이러스 쪽일까 아니면 개인을 침묵시키는 데 성공한 우리 사회 쪽일까?

「오징어 게임」은 무대 장식의 알록달록한 색깔에도 불구하고 화면은 어둡다. 민주주의 전체, 더 정확하게는 현대 민주주의의 무엇을 단죄하고 있는 것일까?

오징어 게임의 철학

| 민주주의의 조건들 |

투표가 민주주의에서 전부가 아니라는 점은 명백하다. 그러나 투표가 민중이 자신의 의지를 통해 자신들이 그 자리에 있다고 믿게 하는 장치가 되면 종종 독재자들의 무기가 될 수 있다는 사실에 주목해야 한다. 그것은 루소가 『사회계약론』 제1권 제3장에서 다음과 같은 유명한 표현을 통해 강조하고 있는 바와 같다. "자신의 힘을 법으로 바꾸고, 복종을 의무로 바꾸지 않으면, 가장 강한 자는 항상 주인이 될 만큼 절대 충분히 강하지 않다."[21] 힘에 적법성의 외관을 부여한다는 것은 법을 조롱하는 동시에, 힘이 적법하다고 믿게 하면서 상징적인 힘을 인정하는 논리다. 궁지에 몰린 많은 사람이 그렇게 선택한다.

「오징어 게임」을 들여다보면, 실생활에서는 동의란 개념이 무의미할 정도로 경제적, 사회적 조건이 제약이 될 수 있음이 분명해진다. 힘이 적법하고 복종이 의무라고 믿게 하는 요술이 작동한다. 필요성에 대한 예속인 복종에 도덕적인 정당성을 부여하면서 사람들은 동의라는 착각을 만들어낸다. 「늑대와 양 *Le Loup et l'agneau*」이라는 유명한 우화에서처럼 늑대는 양을 잡아먹을 적법한 이유가 있고, 그

....

21   장자크 루소, 앞의 책.

것이 힘의 관계 때문이 아니라고 사람들은 양을 설득하려고 애쓴다. 더한 것은 무참히 패배한 전투가 끝난 후 휴전을 체결할 때 그 계약이 노예들이나 개인들이 체결하는 계약과 비슷하다고 사람들이 믿게 한다. 그러나 의지를 행사하지 못하는 모든 계약은 의미가 없다. 자유롭게 동의했을 때만 계약이 가치를 가지기 때문이다.

오징어 게임의 철학

4. 동의, 하지만 어떤 대가로?

바로 그 부분에 민주주의의 어려움 중 하나가 있다. 이번에도 동의가 문제가 된다. 만약 민주주의가 민중에 의한, 민중의 권력이라면 그 민중은 자발적으로 구성된 민중이어야 하고, 개인적인 이익을 충족시키기 위해서만 함께하는 개인들의 단순한 집합체가 돼서는 안 되며, 이 민중이 아주 강한 외부의 구속이나 속임수의 대상이어서도 안 되고, 사정을 잘 알고 결정을 내릴 수 있는 존재여야 한다는 점이다.

이런 조건들은 모으기가 불가능할 수도 있다. 바로 그런 이유로 우리는 사상을 단지 외부 세력의 가치화로 축소하는 민주주의에 대한 비판을 반복해서 만난다. 공동의 재산도, 총체적인 의지도 없고, 단지 개인의 이익들만 존재한다. 그리고 유령 민중에 의해 제기된 문제들은 사실 조작된 것에 불과하며 민중과는 거리가 멀다.

현대 민주주의의 위대한 사상가 중 한 사람인 루소는 권력이 적법하게 되려면 민중이 최고권자이고, 동일 행위를 통해 민중이 만장일치로 구성돼야 한다고 말한 바 있다. 민중은 개인들의 집합체가 아니라 의지가 만들어낸 결과물이다. 하지만 이런 민중은 어디에 있을까? 허구가 아닐까? 이런 조건들은 민주주의를 희화화戲畫化하는 것이 아닐까?

마찬가지로 이런 전제하에 엘리트에 대항한 민중의 반대 담론도 형성된다. 민중이 권력과 주권을 박탈당하고 있다면, 민중은 자기의 의사와 반하는 명령에 복종하기를 중지하고 그것들을 고스란히 되찾을 수 있어야만 한다. 최근 사용되는 포퓰리즘populisme이라는 용어가 보여주는 경멸적인 차원이 아니라 원래 의미에서 그렇게 한다는 뜻이다. 따라서 우리의 현대 자유민주주의가 경제 관계 모델 위에 구축되었으므로 최종적으로 실패한 민주주의를 강조하는 것이 가장 먼저 전제돼야 한다. 경제에서 사람들이 찾으려고 애쓰는 것은 합의다. 어느 쪽에서 어떤 것을 잃는다 해도 각자가 자신의 이익을 찾아낼 수 있도록 해야 한다.

「오징어 게임」 전개에서 극단까지 밀어붙인 태도는 「오징어 게임」에 근거를 제공한 뚜렷한 합의와 연관이 있다. 경제에서 협상에 임하는 모든 사람의 처지가 같지 않듯이 사람마다 흥정과 처지는 차이가 있다. 사람들의 태도는 지배 관계에 따라 전적으로 좌우되기도 한다.[우리는 「오징어 게임」에서 많은 VIP가 영어를 말할 때 미국 악센트를 구사한다는 점에 주목해야 한다.] 이런 조건 속에서 민중의 주권에 관해 이야기하기란 불가능하다. 주권을 되찾는 일은 합의의 논리에서 벗어나야 하고, 경제에 맞선 정치를 재확인해야 한다.

오징어 게임의 철학

그러나 이 경우에도 어떤 민중에 대해 말하는 것일까? 어떻게 민중을 구성할 수 있을까? 이미 동의했고, 때로는 죽임을 당하기 전에 적에게 감사를 표할 정도로 게임의 규칙을 받아들인 개인들 머릿속을 차지한 논리와 어떻게 맞서 싸울까?

이런 시각에서, 왜 개인들이 동의하고 반항하지 않는가를 이해하기 위해 이탈리아 철학자 안토니오 그람시Antonio Gramsci(1891~1937)는 '문화 헤게모니[hégémonie culturelle]'에 대해 언급한다.

현대 국가들은 강제로 물리력을 행사하는 탄압적 성격을 가진 기관들[군대, 경찰, 사법], 교육기관, 사회 지배계급이 자유민주주의의 전유물인 가담과 동의를 얻어내려고 애쓰는 문화 관련 제도들로 구성돼 있다. 합의를 구축하기 위해서다. 이런 동의는 그람시가 '문화 헤게모니'라고 명명한 것을 통해 도출될 뿐이다. 문화의 세계는 그 위에 권력이 만들어지는 토양이다.

그람시와 기존 질서의 전복

그람시는 1891년에 태어났고, 1937년에 숨을 거둔 이탈리아 철학자다. 이탈리아 공산당 창당 구성원으로 한때 당의 총수 역할을 맡기도 했던 그는 무솔리니 체제에 의해 1927년부터 죽을 때까지 투옥됐다. 감옥에서 저술한 비망록에서 그는 1917년의 러시아 대혁명이 제1차 세계대전 이후 유럽의 다른 나라로 퍼져나가지 못한 이유에 대해 의문을 가진다. 정작 유럽에서는 민중 전체가 총알받이로 사용되고 경제적으로 착취당했는데도 말이다. 그는 전복된 러시아의 봉건 구조와 현대 서구 여러 나라의 구조의 차이에 주목했다. 서구 국가들의 구조는 지배 이데올로기가 사회의 각 층에 침투할 수 있도록 다양한 매개 집단을 보유한 복잡한 형태를 띠고 있었다. 러시아를 전복시키는 것은 직접 중앙 권력을 공격하는 것으로 충분했다. 그러나 산업화한 사회에서는 그 권력이 모든 계층에 퍼져 있었다. 사상으로 기존 질서를 전복하기를 원한다면 사상 전쟁에서 승리해야만 한다.

———————

"일어날 일은 원하는 만큼 일어나지 않는다. 그런 일이 일어나기를 몇몇 사람들이 원치 않기 때문이고, 대다수 인간이 자신의 의지를 포기하며, 될 대로 내버려 두기 때문이다."[22]

———————

··

22   안토니오 그람시(Gramsci Antonio), 『옥중수고(*Cahiers de prison*)』[원제는 *Quaderni del carcere*], 1948.

> "의회제도가 고전이 된 토양에서 헤게모니의 '정상적'인 실행은 다양한 방식으로 균형을 이루는 권력과 동의의 결합으로 특징지어진다. 권력이 동의를 지나치게 누르는 법이 없고, 다수의 동의에 근거를 둔 것처럼 보이도록 해야 한다."[23]

하지만 엘리트들의 전유물인 문화 관련 오브제만을 문화로 인정하지 말아야 한다. 문화는 우리들의 일상생활 전체, 우리가 살아가는 방식, 우리들의 세계관, 우리가 행동을 생각하는 방식을 정의한다. 문화는 우리가 인지하고, 행동하며, 느끼는 방식이다. 국가는 문화를 조직하면서 동의를 조직한다. 동의가 없다면 지배를 보장할 수 없기 때문이다. 예를 들어 최근의 문화 쪽 생산이 지배적인 방향인 개인주의 방향으로 얼마나 많이 흐르는지, 또 자기 계발을 다룬 작품들, 담론들이 곳곳에서 얼마나 무성한지에 우리가 주목할 필요가 있다. 현대성이 보여주는 위대한 사상인 진보는 더 이상 집단적인 해방에 대한 글로벌 운동으로 생각하지 않고, 주로 고립된 개인

....

23   위의 책.

운동으로 간주한다. 발전이 진보를 대치한 것이다. 무엇보다도 철학에서 흥미를 끄는 것은 개인이 자신만의 길을 추구하고, 거친 세상 내부에서 자기 자신과 화해하는 데 성공한 논리다. 세상으로부터 탈출할 수단을 찾아내기 위해 변화해야 할 것은 세상이 아니라 자신이다. 사람들은 철학 속에서 진보를 더욱 유효하게 만들기 위해 지혜를 다룬 고대 담론을 찾아 나섰다. 그들은 에피쿠로스Epikuros(B. C. 341년~B.C. 270년)와 스토아주의Stoicism로 향하며, 종국에는 기존 질서를 받아들일 뿐인 개인적 의지 담론을 발전시킨다. 「오징어 게임」은 승리한 개인주의와 그러한 개인주의가 낳은 폭력적인 결과를 극단적인 모습으로 다루고 있다. 그것은 등장인물 대부분이 동의하는 개인주의다. 때때로 연대하는 모습을 부각하는 장면도 보여주지만, 그때도 항상 게임의 규칙에 대한 동의를 통해서 연대한다. 새벽이 자기의 남동생을 구해낼 수 있도록 자기를 희생하는 지영은 '구슬 놀이'를 하면서 분노하지 않는다. 그녀의 태도에서는 일종의 체념이 느껴진다. 나쁜 것은 알리와 '구슬 놀이'를 할 때 상우의 태도에서 보듯이 이런 연대가 조작된 것이라는 점이다. 「오징어 게임」 마지막 회에서 우리는 그들 자신이 느낀 최고의 감정이 유희였다는 사실을 발견한다.

정치적 부패에 대한 반발로서의 에피쿠로스주의와 스토아주의

고대 그리스에서 에피쿠로스주의와 스토아주의가 정치에 대한 믿음이 사라지는 데에 반발하며 나타났던 사실을 주목할 필요가 있다.

이미 앞선 세기에서 위대한 시대를 체험했던 기원전 4세기의 아테네는 더 이상 절정기가 아니었고 도시에는 대립으로 가득 차 있었다. 선동가들의 투쟁이 고전 시대의 민주주의 대신 그 자리를 차지하고 있었고, 정치적인 삶은 겉치레에 지나지 않았다. 플라톤은 소크라테스에 대한 재판과 처벌을 체험하면서 그것을 가장 큰 부정으로 여겼고, 정의로운 도시가 어떤 것이어야 하는지 끊임없이 생각하고 밝히려고 했다. 그 이상적인 도시에서는 가장 정의로운 자였던 소크라테스가 자유롭게 살 수 있어야 했다. 아리스토텔레스Aristoteles(B.C. 384년~B.C. 322년)는 도시를 '정치적 동물'인 인간이 완성되는 장소로 생각했다. 그의 눈에는 도시 밖에 사는 자는 짐승이나 신일 수밖에 없었다. 그러나 도시는 철학이 필연적으로 생각해야 하는 모델이 더 이상 아니었다. 도시의 퇴폐, 도시의 분열은 지혜의 추구와 상관없이 새로운 방식으로 사유하도록 문을 개방했다. 완성의 장소로 더 이상 생각되지 않는 이 테두리 밖에서 어떻게 지혜롭고 행복할 수 있을까? 두 개의 주요한 흐름이 대두한다. '스토아'stoa'[프랑스어로 '포르티크Portique']를 내세우면서 도시라는 테두리를 넘어서는 세계주의를 부르짖은 제논Zenon(B.C. 334년~B.C. 262년)의 스토아주의, 친구와 현인賢人들로 축소된 사회, 하지만 철학이 생활방식으로 작동하는 사회를 통해 공동의 삶에 대해 생각해보는 에피쿠로스주의가 그런 사상들이었다. 그런 식으로 에피쿠로스는 기원전 306년에 아테네의 아카데메이아 학교에서 멀리 떨어지지 않은 곳에 자기 학교인 '정원학교[Jardin]'를 설립한다. 요동치는 도시로부터 떨어지기 위함이었다.

사회 내 모든 영역으로 사상이 침투하면서 동의를 만들어내고, 개인은 출구를 찾지 못한다. 대처는 그런 식으로 신자유주의 정책을 가동하면서 "대안이 없다.[There is no alternative.]"라고 말할 수 있었다. 규범과 권력 실행을 내면화하기 위해서였다.

게임 참가자는 죽어가면서 게임에 참가하게 해줘 고맙다고 적에게 감사해하기까지 한다. 끝까지 반항하지 않는 개인과 같은 행동거지, 소비 습관, 관행이 생겨나는 것이다.

강요된 것들에 맞서서, 반항이 사상 전쟁에서 승리하는 과정에는 어려움이 하나 있다. 바로 이런 전복을 체화體化해야 한다는 점이

오징어 게임의 철학

다. '민중'이라는 이름으로 지칭하는 것을 어떻게 구축할지는 분명하지 않다. 어떤 방법으로 이런 전복을 이룰 것인가? 포퓰리즘을 이론화할 때, 몇몇 맹점 중 하나는 그 일을 수행할 리더의 필요성 문제다. 리더가 사회를 과격한 방식으로 양극화하면서, 또 '그들'과 '우리' 사이의 대립을 설정하면서, 민주주의의 민중이 어디에 있는지를 알아내지 못한 채 민중의 이름으로 권력을 잡는 것은 위험이 따른다.

| 민주주의적 토론의 필요성 |

우선 「오징어 게임」 시리즈에서는 전혀 존재하지 않은 것, 즉 민주주의에서 가장 중심을 차지하고 있는 것이 무엇인지를 생각하는 일이 중요하다. 바로 토론과 생각의 충돌 가능성이다. 아리스토텔레스는 자신이 구사하는 언어 문제에 기초해 정치를 정의했다. 인간은 말을 하는 유일한 존재고, 몇몇 다른 동물들처럼 사회적 존재일 뿐 아니라, '정치적 동물[animal politique]'이기 때문이다. 인간은 단지 재화를 교환하는 존재가 아니다. 인간은 생각을 교환할 수 있다. 생각들을 명명할 수 있기 때문이다. 정치는 폭력에서 말[parole]로의 이행이다.

이런 생각은 민주주의가 토의를 거치는 민주주의라는 개념에 기초해 외부 세력을 최종적으로 가치화하는 것에 지나지 않는다는 확신에 대한 반발로 보인다. 그 생각은 서로 다른 공동의 이익에 대한 개념을 공유하게 하고, 현대사회에 내재한 복수주의複數主義를 유희 속으로 끌어들이면서 시민들끼리 나누는 담론의 교환으로 정의된다. 주장의 체계적인 교환과 관점의 충돌은 최종적인 결정을 구상할 수 있게 해줘야 한다. 그래야 동의의 개념은 다시 의미를 되찾을 수 있다. 논쟁하고, 다른 사람들의 담론과 충돌하면서 사람들이 옹호하고자 하는 것을 평가할 수 있다.

결국 민주주의라는 것이 환상이고 그것이 가진 결점으로 고통받기보다 민주주의를 민중과 엘리트 사이의 대립으로 단순화해 생각하지 말고 사회의 다양한 계층 사이에 토론을 통해 복합적으로 만들 생각을 하는 것이 더 필요해 보인다. 차이는 있지만 우리는 이런 생각을 위르겐 하버마스Jürgen Habermas(1929~), 아렌트 같은 철학자들에게서 찾아볼 수 있다.

현대 민주주의 사상가 하버마스

하버마스는 1929년에 독일에서 출생한 현대 철학자다. 그는 20세기 후반부와 21세기 초의 정치 문제를 둘러싼 토론에서 끊임

오징어 게임의 철학

없이 큰 영향력을 행사하고 있다. 하버마스의 분석은 18세기부터 시작된 토론 공간 같은 공적 공간의 개발에서 출발한다. 살롱과 카페는 정치 관련 논의와 토론을 배가시키면서 앙시엥레짐Ancien Régime[구체제] 전복에 공헌했다. 권력은 더 이상 한 사람에 의해 독점될 수 없다. 비록 이런 공간들이 점차 경제적인 사적 이익을 위해 봉사하게 됐다 하더라도, 민주주의를 활성화하려면 이런 자리에 교환과 소통의 지평을 다시 부여해야 한다. 이성이 당연하고, 사전에 합의해야 한다고 생각할 것이 아니라, 합리적인 결정과 새로운 사상이 토론으로부터 생겨난다고 생각하는 것이 지금부터 중요해진다. 점심 휴식 시간 때 한 나이 든 석공이 젊은 석공에게 맥주를 사다 달라고 주문하는 장면을 상상해보자. 상황은 현실의 세 가지 영역을 담아내고 있다.

1. '객관적 영역', 다시 말해 객관적으로 묘사할 수 있는 영역: "음료수 가게가 멀리 있거나 가까이 있다." "걸어서 가거나 차를 타고 거기 갈 수 있다." 우리는 사실들의 순서를 알 수 있다.

2. '사회적 영역', 즉 참가자들이 가담하는 규범들: 가장 나이 많은 석공이 가장 어린 석공에 대해 가지고 있는 권위가 좋은 예다.

3. '주관적 영역', 다시 말해 개성과 각자의 취향: 제안 유형에 따라 각자는 자신을 이해할 수 있게 하고, 대화 상대자를 통해 토론하

게 하는 보편타당성을 주장한다.

상호작용 속에서 세 가지 영역은 항상 서로 연결돼 있다. 만약 젊은 석공이 맥주를 사러 간다면 그는 다음 내용에 동의한 것이다.

1. 그것은 가능하다.

2. 나이 든 석공이 맥주를 사다 달라고 젊은 석공에게 요구할 수 있다.

3. "저는 목이 마르지 않아요." 같은 타입의 반대가 없다.

합의는 세 가지 양상을 동원한다. 상황의 정의는 참가자들에게 공통돼야 한다. 그렇지 않을 때는 협상과 토론을 통해 상황을 재정의해야 한다. 하버마스가 '소통을 통해 행동하기[agir communicationnel]'라고 불렀던 내용이다.

전통 관점에서 나이 든 석공은 권위를 갖고 있다. 전통이 받아들여진 만큼 합의는 암묵적이다. 따라서 '소통을 통해 행동하기'는 없다. 불화가 있을 때만 '소통을 통해 행동하기'가 필요하다. 체험한 세계 내에서 각자는 논거를 찾아 애쓰며, '소통을 통해 행동하기'는 전통을 갱신한다. 바로 이런 '소통을 통해 행동하기'가 사회를 조절해야 한다. 권력이나 돈이 그렇게 해서는 안 된다. 여기서 규칙을 갖춘 토론 윤리를 가동할 필요성이 대두한다. 합리성은 더 이상 자유를 부정하는 돈과 권력을 통해 발휘되지 않고 토론을 통해 전개된다.

아렌트, 전체주의를 생각하다

아렌트는 독일 출신의 미국 철학자로 저술 대부분을 정치 문제에 할애했다. 나치즘이 도래했을 때 독일을 떠나 프랑스로 망명했다가 수용소에 갇히기도 했으며, 미국에 도착하는 데 성공한 후에는 그곳에서 여생을 보냈다. 철학자, 저널리스트, 정치학자였던 그녀는 현대성을 통해 새로운 형태의 정치적 해악으로 이어지는 조건들을 파악하기 위해 끊임없이 힘썼다. 정치적 해악의 가장 거대한 현현顯現은 20세기에 생겨난 전체주의 체제였다. 아렌트는 이 체제들이 다양한 사상의 격돌을 전제로 하는 정치가 사라진 토양에서 발전했다는 사실을 보여주려고 노력했다. 노동 활동 등으로 인간 활동을 축소한 것은 공동의 삶을 조직하는 유일한 가치로 제시된 필요조건이자 현대사회 영역에서 벗어나는 필요조건의 충족에 개인이 예속됨을 뜻한다. 정치에 의미를 다시 부여하는 일은 단지 물건들을 교환하는 것이 아니라, 생각을 교환하고, 인간의 다양성을 고려한 의견들이 조성되도록 그 생각들을 서로 충돌시킬 가능성을 되찾는 일이다. 전체주의 체제는 이런 다양성을 일련번호로 축소해버렸다.

자유를 침해하는 체제에서도 국민이 투표장에 나가도록 요청받는다는 사실을 인정하는 것을 보면, 우리는 습관적으로 의지의 표현으로서의 투표에 민주주의가 있다고 생각한다. 그러나 그것은 진정한 투표가 아니고, 국민이 강요받고 진정으로 동의하지 않았다는 의미에서 패러디라는 말을 듣게 될 것이다. 또 우리는 진정한 민주주의는 국민이 원하는 형태일 것으로 생각한다. 우리가 법을 '총체적 의지의 표현'이라고 정의하는 이유도 그렇다. 이 말이 국민의 의지를 입증하기 때문이다. 그러나 그러한 개념은 무척 명백하게 보이지만 많은 문제를 제기한다.

먼저 그 개념은 민중이 종종 자신의 의지가 박탈당한 상태라고 생각하게 만든다. 매일 각 법률에 대해 투표할 수 없기 때문이기도 하고, 자신의 대표자가 자신을 항상 대표할 수 없기 때문이기도 하며, 그 대표자들이 민중의 뜻이 아니라 이해관계의 수중에 휘둘릴 수 있기 때문이기도 할 것이다. 이런 사실을 알면 사람들은 민주주의를 더욱 이용하려고 하고, 구체적으로 무엇을 말하는지를 개개인이 모르는 상태에서도 민중을 자기 쪽으로 끌어들이려고 한다. 이 민중이 원하는 것이 무엇일까? 민중은 어디에 있을까? 의지라는 개념은 무엇을 의미할까? 등 여러 가지 질문을 해야 하지 않을까?

| 의지의 행사로서의 자유 |

개인은 예를 들어 의지의 노력을 통해 자신의 욕망과 맞서 싸우기를 원할 수 있다. 스토아주의 이후 기독교를 거치며 내려온 철학적 전통의 주요 학파가 자유에 대해 생각한 방식이 그렇다. 자유롭다는 것은 의지를 통해 자기의 노예가 되지 않고 극기하는 데 성공함을 뜻한다. 자신의 욕망, 자기 상상력의 착란과 맞서 싸우는 데 성공한 스토아주의 현인들의 형상이 그렇다. 또 그것은 노력을 통해 육체의 유혹에 맞서 싸우라고 우리에게 명령한 성 바울Saint Paul의 가르침이기도 하다. 르네 데카르트René Descartes(1596~1650)의 관점 역시 의지는 욕망에 맞서 싸울 수 있다는 것이다. 더 나아가 사람들은 정치적 자유를 민중이라는 주체의 의지 발현으로 생각했다. 시민들의 총체로서의 민중은 각자의 개인적인 이해관계를 넘어 그것이 총체적 이익으로까지 끌어올려지기를 원해야 한다. 투표는 우리가 이기적인 개인으로서 가지고 있는 개인적인 이해관계가 지배하는 방식이다. 이런 투표를 통해 우리는 시민으로 행동한다. 따라서 민주주의의 중심을 차지하고 있는 정치적 자유는 의지에 근거해 생각해야 한다. 루소가 사유한 총체적 의지는 사람들의 정치적 상상계에 심오한 영향을 줬다. 각 개인이 더 이상 자신의 욕망에 대한 노예가 되지 않기 위해 극기해야 하는 것처럼 민중도 자유에 이르기 위해 극기해야 한다. 극기하지 않으면 그러한 상태에 도달하지 못하기 때문이고, 게임 참가자들이 현실에서 벗어나려는 욕망이 너무 강해 게임으로 되돌아오기를 선택하고 죽음을 향해 질주하게 되기 때문이다. 그러나 개인 차원에서 진실처럼 보일 수 있는 극기의 노력이라는 것이 민중에 대해 말할 때도 같은 의미를 지닐까?

| 행동할 힘으로서의 정치적 자유 |

　민중은 주체가 아니다. 민중은 함께 행동하고 그렇게 하도록 노력하는 개인들의 복수성이다. 그리고 함께 행동하기 위해 그들은 교환하고, 토론하며, 자신들의 견해를 대립시킨다. 때때로 긴장을 유발하는 것은 이런 대립이 가능하기 때문이다. 그렇게 하면 공동 행동이 가능해진다. 그리고 행동하면서 개인들은 자유를 경험한다. 정치적 자유는 의지의 문제가 아니라 힘의 문제다. 자유롭다는 것은 행동할 수 있음을 의미하며, 정치에서 그것은 늘 함께 행동하며 구현된다. 우리가 홀로 살아가지 않기 때문이다. 그것은 의지의 문제가 아니다. 독재 체제에서도 우리가 항상 '자유롭기'를 원할 수 있기 때문이고, 우리의 행동 능력이 무無로 변하면 우리가 자유롭지 못할 것이기 때문이다. 그리고 우리는 독재보다 민주주의 속이 더 자유롭다. 우리가 민주주의 속에서 더 자유롭게 행동할 수 있기 때문이다. 게임 참가자들이 자유롭지 않다면 그 이유가 그들이 자유를 원하지 않기 때문이 아니다. 그들 각자는 '자유롭기'를 원하지만, 단지 그들이 아무것도 할 수 없기 때문이고, 항구적인 지배 아래 그들의 모든 행동이 제약받기 때문이다. 따라서 민주주의에 있어 가장 중요한 조건은 투표가 자유라는 착각을 줄 수 있는 곳에서 협의에 기초한 행동을 가능하게 만드는 토론이다. 민주적인 토론은 자유롭게 해준다. 행동할 힘을 부여하기 때문이다.

더욱이 그것은 아테네 민주주의의 탄생이 우리에게 가르쳐주고 있는 내용이다. 아테네 민주주의에 대해 언급하면서 아렌트는 민중의 이름을 한 지배의 절대적인 형태가 어떻게 전체주의 체제 속에서 발견되는지를 강조하는 분석을 수행한다. 전체주의 체제는 민중을 지배해야 할 주체, 모두 동일한 개인들의 총합으로 삼는다. 그러한 개인들은 번호 이상의 것이 아니며, 세상에 대해 각자 서로 다른 관점을 가진 개인들의 복수성이 아니다. 따라서 이미 선험적으로 정의된 민중을 표방하기를 그치고, 민중의 의지를 구현한다고 주장하기를 그치는 것이 중요하다. 함께 행동하면서 민중은 구축된다. 모든 행동은 논거가 있는 합리적인 토론을 전제로 한다. 민주주의에서는 기권하지 않고 모두 투표에 참여한다 해도 투표가 관건이 아니라 토론하고 함께 행동하는 것이 중요하다. 그것이 자유의 정치적 의미다. 자유는 의지가 아니다. 타인들과 함께 있을 때 항상 의미가 있는 힘이다.

| 국민의 절대권에 대한 착각 |

따라서 절대권과 같은 유혹적인 용어들에 속아서는 안 된다. 복원해야 할 민중의 절대권이란 개념은 대개 민중에 대한 지배를 치장하는 단어에 불과하다. 민중이 원할 수 있다는 착각을 과시하는 것에 지나지 않기 때문이다. 그러나 민중은 원하지 않는다. 민중은 주체도 아니고 개인도 아니다. 공적 토론과 공동의 행동 속에서만 민중이 구축될 수 있다. 「오징어 게임」 속의 모든 참가자가 박탈당하고 있는 것은 이런 토론이다. 게임이 계속될지를 알기 위한 투표는 자신들과의 투쟁 속에 갇힌 개인들의 욕망에 휘둘릴 뿐이다. 그런 개인들은 타인들 앞에서 그 어떤 순간에도 자신을 정당화할 수 없다. 제1회 '무궁화꽃이 피던 날'이 끝날 때 각자는 고독 속에서 자신이 내린 선택을 알리기 위해 앞으로 나간다. 게임이 계속돼야 하는지, 아닌지 결정할 때다. 절대권의 항구적인 복원에 대한 요청은 우리의 눈에 자유를 회복할 수단처럼 보이기에 종종 열광을 불러일으킨다. 그러나 그러한 요청은 민중의 의지에 달려 있다고 믿게 하면서 지배

오징어 게임의 철학

논리로 변질할 위험을 늘 안고 있다. 자유롭게 해주는 것은 절대권이 아니라 협의를 거친 행동이다.

"만약 인간들이 자유롭고자 한다면
그들이 구체적으로 거부해야 할 것은 절대권이다."[24]

종합 평가:

권리의 평등, 하지만 어떤 권리?

중상자中傷者들에 맞선 민주주의에 대한 그런 방식의 접근과 재평가는 권리의 평등에 관한 주장을 곧바로 인정한다. 당연히 그것은 우리가 민주주의에 대해 말할 수 있는 조건이다. 그러나 어떤 권리가 문제일까? 참여할 권리인가? 생각해보면 게임 참가자들은 삶에서 성공할 수 있는 권리와 같은 어떤 권리를 보유하고 있다. 기훈은 사회가 제공하는 부의 축적 논리에 참여할 수 있었지만 실패했다.

....

24   해나 아렌트(ARENDT Hannah), 『자유란 무엇일까?(Qu'est-ce que la liberté?)』,
      『문화의 위기(La Crise de la culture)』[원제는 *Between Past and Future: Six*
      Exercices in Political Thought] 속의 글.

그는 부를 축적하기 위해 자기 어머니의 재산을 집어넣을 수 있었고, 그걸 거부할 수도 있었다. 그러나 경제적, 사회적 조건들에 따라 똑같은 권리를 부여받지 못하거나, 그러한 권리를 똑같은 용도로 행사하지 않는 점은 즉시 드러난다.

19세기에 인권에 대한 비판을 발전시킨 인물은 카를 마르크스Karl Marx(1818~1883)다. 프랑스대혁명이 모든 시민의 권리가 평등하다는 사실을 확인시켜주었지만, 일부 권리들에 한정시키려고 했다. 재산권, 재산과 사람의 보호권 등을 통한 평등의 확인은 형식적이고 실질적이지 않은 평등을 말하는 것이다. 아무것도 소유하고 있지 않은 자가 재산 보호권으로 무엇을 할 수 있으랴? 우리가 보다시피 권리들은 경제적, 사회적 상황과 무관하며 아무것도 소유하고 있지 않거나 사회적 계급 아래쪽에 있는 자들에게는 공허하기 싹이 없는 개념이다. 그런 권리에 관한 확인은 사회 상태를 고려하지 않는 일이다. 그렇게 인정해야 한다. 결국 정의로운 평등은 조건들의 평등을 전제로 한다. 게임 참가자들이 선택할 수 없으며, 자신들의 권리를 제대로 행사할 수 없다는 점을 강조하는 또 다른 방식이다.

여기서 동의 문제가 다시 대두된다.

오징어 게임의 철학

의식의 착각에 대한 비판자, 마르크스

우리 사회, 우리 사고, 우리 삶을 조직하는 가치들 이면에 숨어 있는 것을 밝혀내려고 했던 니체처럼 마르크스는 우리의 사유 방식, 우리의 행동 방식 배후에 있는 경제 관계에 기초해 구축된 사회 구조 결정론이 어떻게 숨어 있는지를 우리에게 보여준다. 의식과 의지의 활동을 근거로 인간을 이런 행동과 결정의 당사자로 정의하는 모든 이상주의적 입장에 반대하면서 마르크스는 다음과 같은 사실을 끊임없이 보여주려고 했다. "존재를 결정하는 것은 인간의 의식이 아니라 의식을 결정하는 사회구조다. 경제적으로 지배층의 이익을 위해 봉사하는 것으로 드러나는 인권의 경우가 그 좋은 사례다. 지배적 사고처럼 모두가 가담해야 한다는 사실을 조장하기 때문이다."

여기서는 국가와 사회 사이의 관계가 문제가 된다. 만약 국가가 시민의 평등을 보장하는 주체라면 시민 존재의 조건들을 평등하게 만들기 위해 어느 정도까지 국가가 개입해야 할까? 진정한 정의의 이름으로 이런 평등을 부과해야 할까? 아니면 국가의 모든 개입이 개인들의 자유를 침해하게 될까? 자기의 몸을 팔면서 우리가 전적으로 우리의 몸과 우리 자신을 처분할 권리가 우리에게 있는지 자문할 때 제기됐던 자기 소유권을 둘러싼 토론의 형태 중 하나를 우리는 다시 만난다. 조건의 평등화가 없이는 권리의 평등이 의미하는 바가 거의 없다는 사실을 인정해야 한다. 파멸 상태에 달한 사회적, 경제적 조건 때문에 궁지에 내몰릴 때, 개인이 시민으로서 갖는 권리를 전적으로 행사할 수 있다고 생각하기는 쉽지 않다. 그러나 다른 편에서 볼 때, 조건을 평등하게 하고 개인이 자유롭게 토의해서 선택하고 동의할 수 있도록 국가가 개입한다면 역설적으로 국가가 개인의 자유를 침해한 것이 아닐까? 가장 부유한 개인들이 자신들의 소유물에 대한 책임감에서 벗어나기 위해 하는 행위가 자발적인 행위가 아니라는 것은 다 아는 사실이다.

민주주의의 조건을 생각하면 사회는 정의로워야 한다. 하지만 민주주의가 이런 정의를 목적과 조건으로 자유를 내세울 때도 자유를 희생시켜야 얻어질 수 있다. 사회적 조건의 평등화를 이루려 했던 국가들이 전체주의 체제로 이어졌다는 사실을 역사가 우리에게 보여주고 있는 만큼 문제는 더 복잡하다. 소련의 경우가 그랬다. 이 경우 정의에 맞선 자유를 확인해봐야 할 것이다.

그러나 정의에 맞선 자유의 요구는 「오징어 게임」이 매 순간 우리에게 표현해내는 폭력이 자행되는 체제, 그리고 허구의 자유만을 제공하는 체제로 이어질 수 있다는 사실을 잊어버리는 행동이다. 게임 참가자들은 자유롭게 선택할 수 없으며, 교도관들은 단지 복종

오징어 게임의 철학

하고 예속될 따름이다. 게임의 주최 측 관계자들조차 자신들도 복종할 따름인 체제의 포로에 불과하다. 자유의 이름으로 최악의 범죄들이 저질러질 수 있다.

우리들의 이전 토론이 다시 등장한다. 개인들이 동의할 수 있기 위해서는 실질적인 정의가 필요하다. 그러나 그런 정의는 자유를 희생시키며 얻어진다. 그렇다면 정의일까, 자유일까?

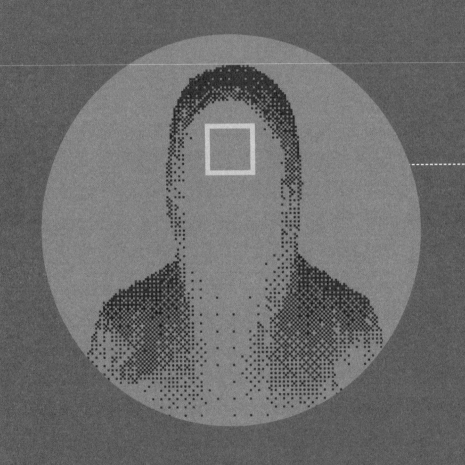

제**3**장

정의

○
△
□

1. 도덕적 가치로서의 정의:
희생자와 사형집행인 중 어느 쪽?

경제, 사회, 영토의 불평등이 게임 참가자들의 목숨을 위태롭게 하고 그들이 타인들과의 '죽음의 게임' 속으로 들어가도록 떠민다. 그러나 그 모든 것은 게임 참가자, 교도관, 주최 측 관계자 등 참가자들 모두의 동의를 전제로 한다. 비록 동기는 다 다르지만, 소비 논리에 대한 총체적인 수락이 있었다. 하지만 그 수락은 서로 다른 형태를 취한다. 한쪽에는 부정을 감내하는 자들이 있고, 다른 쪽에는 부정을 저지르는 자들이 있다. 한쪽에는 약자들이 있고, 다른 쪽에는 강자들이 있다. 어느 쪽이 가장 좋을까? 희생자가 되는 것이 나을까 아니면 사형집행인이 되는 것이 나을까?

각자에게 이 질문을 던져보면 대답은 거의 바로 돌아온다. 강자

오징어 게임의 철학

쪽에 있는 것이 더 좋다는 것이다. 생사가 걸린 문제라 하더라도 부정을 감내하는 것보다는 저지르는 것이 낫고, 희생자가 되기보다는 사형집행인이 되는 쪽이 낫다. 처벌당할 생각에 처음부터 주저하겠지만, 처벌은 결코 확실하지 않다. 처벌은 다른 생에서 신의 징벌을 생각하는 종교적 믿음과 연관이 있거나, 부정을 감내하는 자가 언젠가 자신들 쪽에 힘이 생길 때 원상복구를 요구하는 수단을 가지게 될 것이라는 개연성과 연관이 있다. 그와 반대로 희생자는 확실한 방식으로 고통을 겪는다. 완전 범죄, 신과 인간들이 모르는 범죄, 증인 없는 범죄가 존재하는 만큼 더욱 그렇다. 이런 단순한 계산은 즉각적으로 희생자보다는 사형집행인을 선호하도록 이끈다.

하지만 사형집행인은 절대 순수하지 않다. 내가 범죄를 저질렀을 때, 나를 판단할 사람이 아무도 없었다 하더라도 나는 내 행위의 증인으로 남으며, 나 자신과 더불어 항상 존재한다. 그러나 그것이 사형집행인보다 희생자가 더 낫다고 말할 수 있는 충분한 논거일까? 여러 가지 이유로 그런 주장은 논거가 상당히 약해 보인다.

우리는 먼저 중범죄를 저지른 자들이 고통도 겪지 않고 후회나 회한도 갖지 않은 채 멀쩡한 의식을 지니고 계속해서 살아간다는 점에 주목해야 한다. 그들은 자신들의 의식에 그 어떤 부담감도 느끼지 않는다. 게다가 내가 죄의식을 느끼더라도 그런 부담감은 내가 희생자로서 감내해야 하는 육체적인 해악, 생명을 잃게 만들 수도 있는 해악보다 덜 무거워 보인다.

부정을 감내하는 것보다 부정을 저지르는 것이 더 낫다는 주장은 플라톤의 『대화편』에서 소크라테스의 대화 상대자로 등장하는 고르기아스Gorgias(B.C. 483~B.C. 376)가 옹호하는 관점이다. 소크라테스는 다음의 논거로 그에게 대답해준다. 부정을 저지른 자가 느끼는 해악은 희생자가 느끼는 해악과 전혀 다른 성격을 띤다. 그것은 부정을 저지른 자가 평생 더불어 살아갈 도덕적인 해악이다. 죽음을 초래하기도 하는 육체적 해악에 비교해볼 때 미약하다고 생각할 수도 있다. 그리고 선택할 때 사람들이 고통을 겪는 것보다 고통을 주는 것을 더 선호한다는 점도 우리는 이해한다. 그러나 도덕은 욕망의 문제가 아니다. 내가 내 이웃을 죽이고 싶은 것은 그렇게 하는 것이 좋기 때문이 아니다. 마찬가지로 도덕적인 관점에서는 부정을 저지르는 것보다 부정을 감내하는 편이 더 낫다. 타인과의 관계 이전에 도덕은 자신과의 관계이고, 정의가 도덕적 가치이기 때문이다. 바로 그런 이유로 부정을 저지르는 장면은 우리의 분노를 불러일으킨다. 그 어떤 거짓말쟁이가 다른 거짓말쟁이와 자기 삶을 공유하려 들까? 부정은 자해하는 해악을 인식하지 못한다. 불건전한 영혼과 더불어 사는 것을 최악이라고 인식한다. 우리는 「오징어 게임」에서 섬에 들어온 경찰관과 그의 동생의 대면을 통해 부정에 대한 스캔들을 느낄 수 있다. 동생이 그런 상황을 먼저 벗어난 사람일지언정 그의 삶이 무슨 가치를 지닐까? 게임에서 형이 수행했던 역할을 모른 채 형을 구출하기 위해 섬으로 왔던 동생은 어리석을 정도로 순진하지는 않다. 그는 부정 속에서 사는 것을 참아내지 못한다. 그렇다면 정의가 가치이며, 그것이 나의 개인적 이익의 척도로 측정되지 않는다는 점을 인정해야 한다.

고르기아스 혹은 수사학 기술

『고르기아스Gorgias』는 수사학을 가르친 고대의 유명한 소피스트[궤변가] 이름을 한 플라톤의 『대화편』이다. 수사학이 모든 기술 중 최고라는 생각을 옹호하는 소피스트 및 그의 제자들과 수사학이 거짓말 기술이라고 생각한 소크라테스를 대립시킨 내용이다. 수사학은 범죄자를 옹호할 수 있고 심지어 그를 구해낼 수도 있다. 고르기아스의 제자들은 그 어떤 것도 절대적으로 정의롭지 않고 모든 것이 상대적이라는 명분으로 이런 생각을 옹호한다. 설득하고 유혹하기 위해서는 말의 모든 수단, 말의 힘을 이용하는 것이 중요하다. 그러나 이런 조건에서는 부정을 감내하는 것보다 부정을 저지르는 것이 더 낫다. 소크라테스는 이런 관점을 받아들이기 어려웠다. 정의는 가치이기 때문이다.

하지만 쓰레기처럼 행동하면서 살아가는 개인들 사례는 드물지 않다. VIP들은 게임 참가자들이 죽을 때까지 싸우는 광경을 거리낌 없이 즐겼다. 범죄자들은 20세기의 인종 학살 당시 그런 식으로 거리 낌 없이 대량 학살을 자행할 수 있었다. 이런 점에서 전후에 있었던 가 장 큰 재판 중 하나로 예루살렘에서 열린 카를 아돌프 아이히만Karl Adolf Eichmann(1906~1962) 재판은 우리에게 풍부한 가르침을 준다. 재판 정에서 아이히만은 '최종 해결책[Endlösung der Judenfrage, 홀로 코스트를 지칭하는 또 하나의 표현]'의 주모자 중 한 명으로 선고됐을 때 후회하는 모습을 전혀 보이지 않았다. 아이히만은 자신은 명령에 복종했을 뿐이라고 내세우면서 진부하게 자신의 태도를 정당화했다. 그는 자신을 단순한 실행자, 기계의 단순한 톱니바퀴였다고 소개했다. 기계를 단죄한 적은 한 번도 없다. 아이히만은 복종은 의무라고 강변 하면서 의무를 법에 대한 종속으로 간주하는 칸트의 도덕을 내세우기 까지 했다. 그는 당연히 어떤 법인지를 명시하지는 않았다. 의무를 행 하는 것이 도덕적인 법에 복종하는 것이라고 칸트가 말했지만, 그것은 이성이 근본인 보편적인 법을 지칭하는 것이었다. 아이히만이 복종한 법은 전혀 보편적이지 않았고, 인류의 일부분을 배제하기 시작한 독일 제3제국[Drittes Reich]의 법이었다.

그러나 그의 거리낌 없는 태도는 훨씬 더 심해진다. 재판 도중 에는 아이히만이 약간 신중한 태도를 보이기도 했지만, 그 후에 자신이 안전하다고 생각했던 아르헨티나에서의 인터뷰에서는 전혀 그렇지 않았다. 그 인터뷰에서 아이히만은 크게 후회하는 점은 아직도 지구상에 유대인이 존재하는 것이라고 선언했다. 소크라테스가 끌어냈던 내용과는 정반대로, 그는 자신이 저지른 범죄에도 불구하고 자신과 더불어 아주 잘 살아가고 있었다.

거리낌 없고 후회도 없었던 범죄자 아이히만

아이히만은 '최종 해결책'의 책임자였던 나치 당원이다. 그는 1960년에 이스라엘 첩보 조직인 모사드Mossad에 의해 아르헨티나의 부에노스아이레스Buenos Aires에서 체포됐다. 독일을 탈출해 10년 이상 거주하던 곳이었다. 세계적으로 큰 반향을 불러일으켰던 재판은 1961년 4월부터 예루살렘에서 열렸다. 철학자 아렌트는 『더 뉴요커The New Yorker』지 특파원으로 재판을 취재하는 책임을 맡았다. 그녀의 취재 결과는 『예루살렘의 아이히만Eichmann in Jerusalem: A Report on the Banality of Evil』이라는 제목의 책으로 출간된다.[25] 오랫동안 전체주의 문제에 관해 연구했던 아렌트에게는 재판을 통해 전체주의를 '직접' 만나볼 수 있는 기회였다.

---

[25] 해나 아렌트(ARENDT Hannah), 『예루살렘의 아이히만(Eichmann à Jérusalem)』 [원제는 Eichmann in Jerusalem: A Report on the Banality of Evil], 1963.

우리는 늘 부정을 감내하기보다 부정을 저지르기를 선호하는 개인들을 어렵지 않게 만나볼 수 있다. 그러나 그들의 삶은 어떤 가치를 지닐까? 아이히만의 특징 중 하나는 그가 다른 사람들과 세상을 공유하는 것이 불가능했다는 점이다. 아렌트가 재판을 다룬 저서 마지막에 강조하고 있는 내용이다. 저지른 범죄 때문에 사형 선고를 받은 아이히만이 처형되었을 때, 그녀는 판결을 정당화할 수 있는 다음과 같은 의견을 피력한다. "마치 당신과 당신 상관들이 누가 세상에 살아야 하고 살지 말아야 할지를 결정할 권한을 가진 것처럼 유대인과 일부 다른 국가들의 국민과 땅을 공유하기를 거부하는 정책을 지지하고 실행했기에, 우리 중 그 누구도, 다시 말해 인간이라는 종의 그 어떤 구성원도 당신들과 땅을 공유하고 싶어 하지 않는다고 생각한다." 내가 범죄자와 어떤 세상을 공유하기를 원할까?

저지른 범죄와의 형평성을 고려해 벌을 가할 수도 있다. 그러나 그 경우 우리는 '처벌할 수도 없고 용서할 수도 없는' 범죄에 직면한다고 아렌트는 우리에게 말한다. 물론 덧붙인 요구 사항도 있다. 아이히만이 더 이상 세상의 일원이 될 수 없다는 점이다. 그가 세상을 공유할 수 없기 때문이다. 아이히만은 전혀 거리낌이 없었지만, 바로 이런 태도 때문에, 그는 인류의 바깥에 있는 것이다.

오징어 게임의 철학

만약 정의가 가치라고 말할 수 있다면 그 이유는 우리가 홀로 살고 있지 않고 다른 사람들과 더불어 살고 있기 때문이다. 나는 나 혼자만이 아니다. 나는 내가 하는 행위에 대해, 내가 해야 할 행위에 대해, 내가 시련을 겪는 것에 대해, 내가 느끼는 것에 대해 스스로 질문을 던져볼 수 있다. 이런 의미에서 나는 나 스스로에 대한 증인이다. 하지만 내가 만나고, 교환하며, 내가 한 일을 정당화하고, 내가 대답해줘야 하는 다른 사람들에게 나는 단 한 명의 존재, 나일 뿐이다. 나 자신이 가진 이 두 가지 차원 사이에서의 왕복은 나를 인간 존재, 다시 말해 생각하는 존재로 만든다. 생각은 단지 고립 속에 유폐된 채 차단되는 것만으로 생겨나지는 않는다. 생각한다는 것은 자기 생각을 우리가 함께 살아가는 자들의 생각과 충돌시킴을 의미한다. 그것을 통해 스스로 질문을 던지고, 우리 자신과 고독 속에서 우리가 생각하는 바의 증인이 된다. 물론 자기기만에 빠지고, 스스로 질문을 던지지 않으며, 사람들이 생각하는 것에 대해 질문을 던지지 않는 것은 항상 가능하다. 그러나 생각하지 않는다면 그 어떤 토론도, 그 어떤 대화도 가능하지 않다.

그렇기에 아렌트는 아이히만이 '어리석지 않은 대신 불쾌하기 짝이 없는 멍청이'였다고 말한다. 아이히만이 생각하지 않았기 때문이었고, 타인들 처지에서 행동하는 것이 불가능했기 때문이었다. 그러한 분석을 「오징어 게임」 속의 VIP들에게로 옮겨보면 이해가 쉽다. 또 왜 교도관들이 타인들에게 자신을 드러내지 않는 익명을 한 채 오직 기계적인 방식으로 행동하도록 요구됐는지 이해할 수 있다. 모든 실행자는 가면을 쓰고 있고, 모든 주최 측 관계자들도 마찬가지다. 타인들에게 전혀 얼굴을 보여주지 않는 것이다.

개인적인 이익 관점에서는 무엇보다도 부정을 감내하는 것보다 부정을 저지르는 것이 더 좋을 수도 있다. 그러나 우리, 다시 말해 인간 존재의 시각에서는 인간의 삶이 의미를 지니고 있고, 타인들의 존재를 부정한다는 생각만으로는 타인의 존재를 부정할 수 없는 한, 자기 자신과 더불어 살기 위해서라도 부정을 저지르는 것보다 부정을 감내하는 것이 더 좋다. 부정을 감내하는 것보다 부정을 저지르는 것이 더 낫다고 생각하는 것은 「오징어 게임」의 세계에 의미를 부여하고, 인간 존재가 비인간적인 세계로 축소됨을 받아들이는 일이다. 그러나 그런 세계 속에서 어떻게 삶이 가능할까? 그렇게 매일 살아가는 존재를 삶의 모델로 제시하기를 누가 원할까? 범죄자와 영원히 살아가기를 누가 원할까? 따라서 부정을 저지르는 것보다 부정을 감내하는 것이 더 낫다.

그러나 이런 말만으로는 충분하지 않다. 삶과 죽음이 문제가 될 때, 삶이 생존 이상의 문제가 아닐 때, 우리가 비인간적인 세계 한가운데 있을 때, 이런 말은 근거는 약하다는 점을 생각해야 한다. 정의가 가치라는 사실을 인정하더라도 희생자보다는 사형집행인을 선호하는 것이 유일한 선택 사항인 세계에서는 재앙이 닥친다. 삶이 불가능해진 세계에서, 삶이 하나의 끈에 매달린 세상에서 이런 문제는 아주 추상적인 양상을 띤다. 우리에게 대안이 있는 것처럼, 여전히 선택이 있는 것처럼 보인다. 『소피의 선택』에서와 같이 꼭 하나만의 선택은 아니다.

이처럼 정의의 가치문제를 제기하는 일은 그 문제가 제기되는 세계에 관한 질문과 분리해 생각할 수 없을 것 같다. 「오징어 게임」속의 참가자들이 만들어진 동의 속에 존재하는 것은 그들이 궁지에 몰렸고, 자신들을 뛰어넘는 논리의 포로가 됐기 때문이다. 그들이 가진 삶의 조건은 그들이 동의를 선택할 때 제대로 선택할 수 없게 만든다. 우리는 외부 세계가 정의롭지 않다고 쉽게 생각할 수 있다. 게임의 세계 역시 정의롭지 않다. 동의가 헛된 것이며, 비록 규칙이 모두에게 똑같다 하더라도 규칙에의 예속은 가짜 동의의 산물이기 때문이다. 그러므로 동의가 올바른 의미를 띠는 정의로운 사회를 다시 생각해야 한다. 그러한 사회란 무엇일까?

2. 정의로운 사회란 무엇일까?

| 정의는 평등일까? |

각자가 똑같은 권리, 똑같은 기회를 가진 사회가 정의롭다고 규정한다면, 「오징어 게임」에서 부당한 것은 정말 아무것도 없다. 개인이 선택할 여지가 없는 타인들의 삶을 가지고 게임을 할지라도 그렇다. 무엇보다도 불공정은 참가자들에게 참여하도록 강요하는 조건의 불평등 속에 존재한다. 따라서 경제적, 사회적 조건의 평등화가 모든 결정과 모든 참여에 의미와 가치를 부여하게 된다. 안락한 삶을 영위한다면 그 누구도 이런 살육 게임에 참가하는 위험을 겪으려 들지 않을 것이기 때문이다. 그러나 조건의 평등화는 언제든지 자유를 희생시킬 위험이 크다. 이런 토론은 우리가 '권리-자유 [droits-libertés]'와 '권리-신용[droits-créances]'이라고 명명한 것들 사이의 대립에 관한 토론이다.

오징어 게임의 철학

두 가지 형태의 권리: '권리-자유'와 '권리-신용'

18세기 말에 사람들은 권리의 평등과 민중의 절대권을 통해 정의 문제를 해결했다고 생각했다. 평등은 개인의 계급과 특권에 근거를 둔 모든 봉건제도 혹은 귀족제와 절연한 권리의 평등으로 생각됐다. 그리고 법은 민중의 일반적 의지의 표현으로 정의됐다. "모든 인간은 자유롭게 태어나며 법 앞에서 평등하다."[1789년 「인간과 시민의 권리 선언」, 「프랑스 인권선언」이라고도 일컫는다.] "주권은 민중 속에 존재한다. 그 주권은 유일하고 분리 불가능하며, 시효에 의해 소멸할 수 없고 양도할 수 없다."[1793년 「프랑스 헌법」] 그러나 그것이 사회적 불평등을 사라지게 할 수 없음은 명백하다. 산업혁명의 변화는 사회적 불평등을 훨씬 더 심화시켰다.

따라서 기본권 쪽에서, 예를 들어 노동, 휴식, 물질적 안전, 교양, 충분한 생활수준, 건강, 교육 등에 대한 권리와 같은 사회적 권리들을 공고히 할 필요가 대두됐다. 이것은 국가에 대한 두 가지 개념 사이의 긴장 관계로 이어진다. 자유로운 국가 개념은 국가가 시민들에게 사회의 존재와 비교될 수 있는 최대한의 행동 가능성을 제공하고, 국가가 미미하게 개입할 것을 주장한다. 반면 마르크스주의 전통을 이어받은 강한 국가 개념은 분배적 정의[각자에게 돌아갈 것을 주거나 되돌려주는 것]의 의미에서 정의로운 요구와 부합할 수 있는 서비스를 제공한다. 최소한의 국가는 개인의 독립을 보호하는 데 그치고, 강한 국가는 사회적 정의를 통한 정의의 보완, 더 이상 정치적 평등이 아니라 최소한 물질적 조건의 부분적 평등화를 지향하는 사회민주주의의 탄생에 참여할 수 있는 강력한 국가에 대한 전망 논리를 내세운다. 자유주의와 사회주의 사이의 긴장, '권리-자유'와 '권리-신용' 사이의 긴장이다.

오직 기본권만을 주장한다면, 그들은 게임 참가자들이 자유롭게 선택해서 게임에 참가한다고 생각한다. 일부 사람들은 자기 목숨을 내걸며, 또 목숨을 잃는다. 상우는 증권 투자를 했다가 파산한 인물이다. 그 결과 자신의 상황에서 벗어나기 위해 그는 죽음의 게임의 일원이 될 수밖에 없었다. 위험한 도박을 하지 않아도 되는 경제적, 사회적 불평등이 존재하기는 한다. 알리는 취약한 상황에 놓여 있다. 이민자이기 때문이다. 기훈은 직장과 가족을 잃어버렸고, 새벽은 가족과 함께 북한을 탈출하는 데 실패했다. 덕수는 마피아 활동 때문에 빚에 찌들어 산다……. 어떤 명분으로 조건의 완전한 평등화가 정당하다고 주장할 수 있을지 알 수 없다. 그것은 성공한 자들을 희생시키면 가능하다. 조건의 평등화를 강요하는 것은 그들의 자유를 침해하는 일이 된다.

오징어 게임의 철학

이런 논리를 밀어붙이면서 신자유주의는 사회적 토양에 대해 국가가 개입하는 어떤 행위도 모두 거부한다고 선포하게 된다. 물질적 조건의 평등을 목적으로 하는 모든 요구는 결과적으로 전체주의 체제의 탄생을 낳게 된다는 생각에서다.

하이에크와 신자유주의

1974년에 노벨 경제학상을 수상한 프리드리히 아우구스트 폰 하이에크Friedrich August von Hayek(1899~1992)는 위정자를 포함한 그 누구도 세계의 복잡성을 파악할 수 없다는 사실을 보여주려고 노력했다. 인간의 자율성, 인간 행위의 예측 불가능성을 고려하지 않은 집단주의적 사회의 모든 프로젝트, 사회에 대한 합리적이고도 글로벌한 모든 관리 시도는 실패로 귀결된다. '구성주의자들[constructivistes]'이란 개념으로 하이에크는 사회주의자들, 자신들 이상에 맞추어 사회를 개조하려고 드는 '보수주의자들[conservateurs]'을 동시에 지칭했다. 사회가 복잡해 그 사회의 기능에 대해 완전히 알기는 불가능하다. 무지의 미덕을 인정해야 한다.

사회가 만족스럽고도 효율적인 방식으로 작동하게 해주는 행동 거지들은 선택된 후 규칙과 가치의 형태로 세대를 넘어 전달된다. 그리고 그 누구도 개인적 행동의 총합에서 집단적인 결과로 넘어가게 한 메커니즘, 그리고 이런 규칙들과 가치들을 합리적으로 정당화해준 메커니즘의 총체에 대해 세부적으로 이해하지 못했고, 이해하지 못할 것이다.

"제한적인 정부 내에서 권리의 평등이 가능하고 동시에 권리의 평등이 개인적 자유의 기본적인 조건일 때, 상황의 물질적 평등에 대한 요구는 전체주의적 권력을 가진 정치체제에 의해서만 만족스러울 것이다."[26]

하지만 모든 상황은 똑같지 않다. 전쟁 중인 국가나 전체주의 체제를 떠난 망명자와 마피아 갱스터는 같은 존재가 아니다. 게다가 그런 식으로 사회적 정의에 맞선 자유를 확인하고 사회적 정의가 필연적으로 전체주의 체제로 이어진다고 생각하는 논리는 이런 요구가 만들어낼 수 있었던 체제들을 망각하는 일이다.

하이에크가 전체주의의 위험을 다뤘을 때, 당연히 그는 냉전 기간의 동유럽 블록을 겨냥했다. 그는 특히 평등주의란 이름으로 자

26　프리드리히 하이에크(Hayek Friedrich), 『법, 입법, 그리고 자유(Droit, législation et liberté)』[원제는 Law, Legislation, and Liberty], 1973.

유를 어떻게 제거했는지를 주목했다. 대량 학살과 폭력을 수반했던 소비에트 전체주의도 좋은 본보기다. 그러나 그와 반대로, 개인의 자유라는 이름으로 기본권의 제거를 정당화한 하이에크의 일부 선언도 무시할 수 없다. 그런 논리로 하이에크는 아우구스토 피노체트 우가르테Augusto Pinochet Ugarte(1915~2006)에 대해 말하게 된다. "개인적으로 나는 자유주의가 부족한 민주주의 정부보다 자유로운 독재자를 더 선호합니다." [27]

또 다음과 같이 덧붙인다. "나는 남미 일부 국가들에서 가장 혁혁한 진보를 목격했습니다. 칠레 같은 국가에서는 정치적 자유가 아닌 경제적 자유의 복원이 아주 환상적인 경제 부흥을 불러왔습니다. 당신들은 정치적 자유가 없이도 경제적 자유를 누릴 수 있습니다. 그러나 경제적 자유가 없이는 정치적 자유를 누릴 수 없습니다." [28]

「오징어 게임」은 존재의 사회적 조건을 빠트리고 자유, 선택, 책임을 요구하는 담론의 결과들이 어떠한지를 우리에게 보여준다. 그

---

27 프리드리히 하이에크(HAYEK Friedrich), 칠레 일간지 『엘 메르쿠리오(*El Mercurio*)』 와 가진 인터뷰, 1981. 4. 12.
28 프리드리히 하이에크(HAYEK Friedrich)의 인터뷰, 「케인즈 비판을 위한 새 유행(*New Vogue for Critic of Keynes*)」, 『더 뉴욕타임스(*The New York Times*)』, 1979. 5. 7.

때 실질적 자유는 모든 정치적 자유, 모든 실질적 정의를 희생시킨 경제적 자유일 뿐이다.

종합 평가:

그렇다면 자유를 침해하지 않으면서 정의로운 사회를 어떻게 생각해낼 수 있을까?

개인들이 자유롭게 행동하고 동의를 감내하지만은 않는 정의로운 사회를 어떻게 생각해낼 수 있을까?

정의와 자유를 화해시킬 수 있을까? 바로 이 문제에 대해 미국 철학자 롤스는 대답하려고 했다.

오징어 게임의 철학

정의는 평등일까 공정일까?

정의에 대한 사상가 롤스

미국 철학자 롤스는 정의에 대한 사고를 완전히 뒤바꿨다. 그의 저서 『정의론*A Theory of Justice*』[29]이 출간된 이후 정의라는 주제에 대한 현대적 성찰의 주요 내용은 롤스 시각의 연장이거나 그의 이론에 대한 검토에서 출발한다.

롤스의 사유는 다음과 같다. 어떤 원칙과 규칙들이 공동생활을 조직할 수 있는지에 대한 결정권이 우리에게 있는 상황을 전제하자. 이런 공동체 내부에서 우리가 어떤 자리를 차지할지 미리 알지 못한 채 우리는 그 공동생활을 타인들과 체험한다. 성과 나이, 재정 수단, 건강 상태에 대해 우리는 아는 바가 전혀 없다. 그렇다면 우리가 합리적으로 원하는 원칙들은 어떤 것일까? 이런 무지無知 상태에서 우리가 이기주의자이면서 이성을 겸비하고 있으면 어떤 일반적인 분

---

29   존 롤스(RAWLS John), 『정의론(*La Théorie de la justice*)』[원제는 *A Theory of Justice*], 1971.

배 원칙에 우리가 동의할 수 있을까?

최악의 적 자리에서 선택하기

천사의 이타주의를 논의하려고 하는 것은 아니다. 우리는 오직 우리의 이익만 따지며 선택할 것이다. 그러나 무지는 우리가 이기주의적인 선택을 할 수 없도록 만든다. 만약 우리 전부가 자신의 개인적인 능력, 이상, 성, 나이 등을 알지 못한다면, 우리는 마치 우리의 최악의 적이 사회 속에서의 우리 위치를 결정하는 것처럼 추리하고, 가장 불우한 사람들의 상황을 개선할 기회가 가장 많은 원칙을 선택할 것이며, 많은 위험에서 우리를 보호하고 최악의 가능성을 최소화하는 원칙을 우리가 선택할 것이다. 여기서 롤스가 설파한 두 개의 원칙이 나온다.

<u>첫 번째 원칙</u>: 각 사람은 타인들을 위한 동일 체제와 양립할 수 있는, 모두를 위해 평등한 자유를 가장 확장한 체제에 대한 평등한 권리를 가져야만 한다.

<u>두 번째 원칙</u>: 경제적, 사회적 불평등은 가장 불우한 사람들에게 최대한 큰 이익이 될 수 있도록 해야 하고, 공정한 평등 원칙에 부합하도록 모두에게 열려 있는 기능과 위치에 연결돼야 한다.

자유

자유의 원칙은 우선권을 가지며, 기본적인 권리와 의무의 평등한 분배를 규정하고, 그런 방식으로 동일한 기본권을 확인한다. 우리는 모든 사람이 자유롭고 동일한 권리를 보유하기를 원할 뿐이다. 모든 시민의 평등한 권리는 「인권선언문」이 담아낸 가치이기도 하며, 평등한 자유는 헌법에 담긴 원칙이다.

불공정한 불평등과 정의로운 불평등

그러나 인간이 평등한 자유를 가진다고 말하는 것은 모든 분야에서의 평등주의를 옹호하는 것은 아니다. 정의로운 사회는 평등한 사회가 아니다. 마르크스주의는 평등을 부과하려 들면서 자유의 부정으로 이어졌다. 정의로운 사회는 평등한 사회가 아니라 공정한 사회다.

경제생활에 있어 불평등은 하나의 사실이다. 그러나 각자에게 이익을 만들어줄 때 그 불평등은 정의롭다. 가장 많은 이익을 얻는 사회적 위치는 모두에게 열려 있지만, 이런 위치를 차지하는 데 성공한 자들이 획득한 이익은 마찬가지로 포기된 자들에게도 득이 된다. 그와 반대로 천분天分의 요행에 바탕을 둔 귀족 체제는 정의롭지 않다. 모두에게 이익이 되지 않는 불평등만이 불공정하다. 정의는 순수한 평등이 아니다. 그러나 이익과 자원의 평등과 분배, 특수 상황에 대한 배려가 유도한 균형은 각자에게 최대한의 자유를 보장하고 활동적인 시민 상태로의 접근을 보장해준다.

그런 합리적인 선택은 '최대한'의 전략, 다시 말해 당신이 최소한의 위치에 있을 때 당신이 얻는 것을 최대화하는 전략을 채택하게 한다. 이는 당신의 최악의 적이 결정한다는 가정에 서 있다. 3개의 배열을 예로 들어보자.

- 10/8/1
- 7/6/2
- 5/4/4

우리는 평균효용비율[30]이 처음 두 개보다 더 높은 세 번째 배열을 선택한다. 우리가 단 한 번의 삶을 살기 때문에 불만족의 위험을

----

30 평균효용비율이란 용어는 평균효용, 평균효용치, 평균효용수준, 평균효용률 등으로 번역할 수 있는 경제학 용어다. 숫자로 표시된 세 가지 중에서 최댓값과 최솟값을 구하는 것으로, 평균값이 높은 것보다 최솟값인 세 번째 배열의 숫자가 가장 높은 것을 선택한다. 「오징어 게임」과 연관된 생존의 관점에서도 평균보다는 리스크 최소화가 중요하다.(역주)

감수하는 것은 비합리적이다.

합리적으로 생각하면 그 누구도 자기 목숨을 구해내기 위해 게임에 참여하는 불우한 상황에 놓일 위험을 겪으려 들지 않을 것이다. 「오징어 게임」 시리즈가 우리에게 묘사해준 세계 속에 이런 조건들이 모두 모여 있지 않은 것은 분명하다. 게임의 세계는 외부 세계가 제공하지 않는 일종의 정의, 마지막 기회를 약속한다고 자처한다. 그러나 그것은 게임 참가자들을 궁지에 몬 사회의 승자들이 이런 게임을 조직한 사실을 잊은 결과다. 정의에 대한 이런 패러디는 사회에 내재한 불평등과 그것을 확장한 차원에서 정의로운 사회가 무엇일까에 대해 우리에게 훨씬 더 많은 것을 가르쳐주고 있지 않을까?

처음에는 개인적이던 게임이 '줄다리기'를 하는 세 번째 게임부터는 집단으로 변한다. 그때부터 새로운 문제가 생겨난다. 팀을 어떤 기준에 따라 어떻게 짤까? 가까운 정도에 따라? 하지만 생존이 걸린 문제다. 허약하거나 싸울 수 있을 만큼 충분한 경쟁력이 없으면 위험은 아주 커진다. 그 누구도 차후 게임 규칙이 어떨지 미리 알지 못한다는 데서 문제가 생긴다. 게임에서의 성공은 당연히 게임의 특성에 달려 있다. 이처럼 팀은 '맹목적으로' 구성되며, 게임 형태가 어

떤 것일지에 대해 각자가 도박을 건다. 선택할 때 인간관계를 고집
하는 사람은 거의 없다. 힘? 잔꾀? 섬세함? 성공의 조건은 완전히
자의적이다. 하지만 그 모든 상황이 충분히 해볼 만한 것처럼 그 누
구도 반항하지 않는다…….

오징어 게임의 철학

3. 재능은 하나의 가치일까?

우리는 재능을 하나의 가치로 인정한다. 어떤 사람에 대해 그가 재능이 있다고 말하면 이는 그의 자질, 노력, 일, 의지로 장애를 뛰어넘었다고 강조하는 것이다. 그와 반대로 한 인간이 실패했을 때 사람들은 그가 역경을 이기기 위해 아무 일도 하지 않았고, 그가 "재능만 가지고 있었을 뿐"이라고 생각한다. 따라서 재능은 정의의 또 다른 이름처럼 보인다. 그것이 합법적으로 정당한 보수에 부합하기 때문이다. 아리스토텔레스가 산술적 평등을 기하학적 평등 혹은 비례적 평등과 구분하면서 이미 강조했던 바다.

아리스토텔레스와 정의

고대 그리스 철학자인 아리스토텔레스는 정의에 대해 언급하면서 산술적 평등과 비례적 평등을 구분했다. 법의 영역에서 정의는 개인들의 엄격한 평등을 요구한다. 그러나, 예를 들어 부와 관련될 때는 문제가 달라진다. 일부 사람들이 다른 사람들보다 더 노력하기 때문에 부가 각자의 재능에 따라 달라져야 한다. 아리스토텔레스가 '분배적 정의'라고 명명한 것이다.

이런 생각은 새로운 것이 아니고 그 근거가 있다. 예를 들어 재능이 있는 여자나 남자에게 일자리를 주는 것은 정당해 보인다. 자신들의 노력과 효율성을 입증해 보였기 때문이다. 반면 '~의 아들이나 딸'에게 그런 일자리를 주는 것은 정의롭지 않아 보인다. 재능은 특권에 대한 귀족제의 모든 논리에 맞서 자신의 가치를 확인시켜주며, 사람들이 그를 통해 만들어내는 용도에 따라 자유롭게 자리를 부여한다. 재능을 발휘하는 것은 각자의 몫이고, 우리의 운명은 우리 손에 달려 있다. 그러나 이런 논리는 우리에게 일어나는 일들에 대해 우리가 전적으로 책임을 진다는 것을 전제로 한다. 우리는 모든 책임을 부인하지 않고, 우리의 재능, 우리가 태어난 장소, 우리가 교육받았던 조건, 우리가 성장한 환경 등에 책임을 진다. 그러나 그건 우리 존재의 핵심이 되는 자의적인 부분을 빠뜨린 것이 아닐까?

예를 들어 축구 선수가 받는 연봉은 합당할까? 「오징어 게임」 참가자들은 게임에서 이길 재능을 가지고 있을까? 비교가 거칠거나 과장되어 보일 수도 있다. 그러나 축구 선수가 스포츠가 인정받지 못하는 나라에서 활동할 때도 같은 액수의 연봉을 받을 수 있을까? 인도에서 사회적, 경제적으로 인정받는 스타인 크리켓 선수가 프랑스에서도 그럴 수 있을까? 축구 선수의 연봉 문제를 다시 거론해보자. 그가 엄청나게 열심히 경기에 임했고, 젊음을 다 바쳐 축구를 위해 희생을 치렀다고 말할 수도 있다. 하지만 마찬가지로 노력했지만, 그 어떤 경력도 쌓지 못한 자에 대해서는 뭐라고 말할 수 있을까? 축구 선수가 대단한 재능을 보유하고 있고, 그가 잔디 위에서는 살아 있는 신이라고 말할 수도 있다. 그러나 태어나며 우연히 가지게 된 자연스러운 재능을 그가 책임지고 있는 걸까? 사람들이 자기에게 해주는 조언을 축구 선수가 활용할 줄 알았고 그로부터 최대치를 끌어냈다고 말할 수도 있다. 하지만 자신이 치렀던 경기들을 그가 책임지고 있는 걸까? 돌이킬 수 없는 자의적인 부분이 존재한다. 아무도 혼자서는 결코 성공할 수 없기 때문이다.

이런 자의성의 미장센은 「오징어 게임」 참가자들이 게임의 규칙을 알지 못하면서 팀을 짤 때 부딪히는 장면이다. '줄다리기' 게임에서 사람들은 힘이 게임에서 승리하는 수단이라고 생각했지만, 가장 허약하고도 나이가 많은 자의 충고가 게임에서 이기게 해준다. 이번에는 그 연장자가 과거 어릴 때 이 게임을 해봤다는 경험이 우연히 유용하게 작동한다. 이 장면에서 그가 '줄다리기'에서 요구되는 경쟁력에 대해 잘 알고 있고, 다른 참가자들은 모른다는 점을 우리는 알게 된다. 외부로부터 결정됐고, 다른 것이 될 수도 있었으며, 우리와 무관한 재능과 능력이 가치를 가지게 된 것이다. 우리가 몸을 담고 있는 사회, 경제, 가족의 조건 역시 우리에게 달려 있다고 할 수 없다.

재능에 대한 이런 생각은 어떻게 재능에 폐해를 입은 사람들 자신들까지 인정하게 됐을까?

재능의 종교?

성경에서 재능에 관한 생각의 기원 중 하나를 찾아볼 수 있다. 하나님은 올바르게 처신한 자를 보상하고 잘못을 저지른 자를 응징한다. 신이 관장하기에 자의적인 것은 아무것도 없다. 우리에게 그렇게 보일 수 있다. 단지 하나님의 신비에까지 우리가 도달할 수 없기에 그렇게 보일 따름이다. 하지만 하나님이 우리의 재능을 보상한다고 생각하는 것은 문제를 낳는다. 결과적으로 그것은 하나님의 전지전능하심을 훼손하는 생각이다. 결국 우리의 행동에 달려 있다. 우리가 잘 처신하면 보상해줄 것이고 반대일 경우에는 우리를 징벌할 것이기 때문이다. 그런 생각으로 사람들은 자유의지와 책임에 대해 언급하기 시작했다. 모든 징벌은 정의로운 것이 된다. 그러나 그런 접근 방식은 반대에 부딪혔고 무수히 많은 신학적인 토론으로 이어졌다. 가장 유명한 토론 중 하나는 서기 4세기의 베르베르족 출신의 신학자 아우렐리우스 아우구스티누스Aurelius Augustinus(354~430)와 같은 시기의 브르타뉴Bretagne 지방의 고행자이자 수도사였던 펠라기우스Pelagius(Pélage, 354 ?~420 ?) 사이의 대립이다.

오징어 게임의 철학

아우구스티누스에게 인간은 세상에서의 악의 존재를 설명하는 원죄에 따라 규정된다. 인간이 악을 저지르는 것은 자유로운 상태에서가 아니다. 인간이 자유롭고 책임을 진 존재이기는 하나 그의 자유의지는 아담이 저지른 원죄 때문에 축소된다. 구원받기 위해서 인간은 은총을 받아야 한다. 인간의 구원은 신 안에 존재한다. 그와 반대로 펠라기우스는 인간이 자신의 힘과 자유의지를 통해 신성神性에 도달할 수 있다고 주장한다. 거룩한 은총의 축소가 그에게 소중한 개념이었지만, 그는 이단으로 처벌되고 만다. 그러나 역사는 거기서 그치지 않았다. 종국에는 펠라기우스의 생각이 우세해진 것이다. 좋은 행동들에 대해 의미와 가치를 부여하려면 그런 행동을 제대로 보상해줘야 한다는 생각이 차츰 자리를 잡게 된다. 하지만 시간이 흘러 마르틴 루터Martin Luther(1483~1546)가 일으킨 종교개혁은 가장 부유한 자들이 천국에서 자리를 살 수 있다고 생각하게 만든 그러한 접근에 반기를 든다. 신을 돈으로 살 수 없다. 그와 반대로 신에게 영광을 바치는 일을 의무로 삼아야 한다. 어떤 방식으로? 인간의 소명인 노동을 통해서다. 「창세기」에서 이야기하는 것처럼 인간은 이마에서 땀이 날 때까지 일해야 한다. 신의 선택이 남아 있기에 그것이 전부가 아니지만 아주 많이 노력해야 한다.

재능의 폐해를 입은 자들을 포함해 각자가 재능이란 개념을 받아들이게 된 것은 우리 내면에서 점점 성공이 도덕적이라는 사실을 인정하게 됐기 때문이다. 그것은 자유의지와 책임이란 명제에 근거를 두며 성공을 정당화한다. 성공하는 자는 보상에 대한 권리를 가지게 되며, 실패하는 자는 그럴 권리를 갖지 못하는 데다가 실패의 결과들을 감내해야 한다. 이런 성공의 도덕화는 「오징어 게임」에서도 재현되고 있다. 각자는 죄를 저지른 자리에서 처벌되며, 그런 위험으로부터 빠져나오는 자가 가장 도덕적으로 보인다.

1958년, 능력 남용을 무마하기 위해 발명해낸 단어인 능력주의의 위험은 불평등에 도덕적인 정당성을 부여하면서 불평등을 받아들이게 하는 데에 있다. 이런 반전은 능력주의란 사회 모델이 사회적, 경제적 질서와 맞서 싸우는 대신 그 질서를 공고히 한다고 생각하는 경향이 있다. 이에 대한 논거는 불평등이 왜 심화했는지 생각해보는 것으로 충분하다. 프랑스에서는 2008년에서 2018년 사이에 상위 10%의 월간 생활수준은 23유로 늘어난 반면, 최하층의 월간 생활수준은 29유로 감소했다. 전 세계를 통틀어 고찰해보면, 1980년에 50%에 달하는 빈곤층이 7%를 차지하던 세계의 부富가 2020년에는 9% 정도로 확대됐던 반면, 10%를 차지하는 부유층의 부는 53% 내외로 안정적인 모습을 보여준다. 그리고 1% 내외인 최고 부유층의 부는 같은 기간에 17%에서 20%로 늘어났다. 대열에서 앞선 자들이 나머지 사람들을 이끌지 못한 것이다.

마이클 샌델Michael J. Sandel(1953~)이 『능력의 폭정*The Tyranny of Merit*』[31]에서 강조했듯이 이런 현상은 성공을 맛보지 못한 사람들에게 수치심을 안겨준다. 다른 방법을 쓰지 못했다는 감정과 선택받지 못한 사람들이 느끼는 감정이 더해진 감정이다. "원할 때 행할 수 있었기에", 게임에서 진 참가자들은 게임에 참여하게 해줘서 고맙다는 인사까지 한다. 상황이 어려운 사람들에게는 기회조차 없기 때문이다. 샌델이 강조하는 것처럼, 그러한 수치심이 모종의 포퓰리즘 형태로 표현할 수 있는 원한을 생산한다는 측면에서 위험이 따른다.

....

31   마이클 샌델(SANDEL Michael J.), 『능력의 폭정(*La Tyrannie du mérite*)』[원제는 *The Tyranny of Merit: What's Become of the Common Good?*], 2021.

4. 정의, 기회의 평등?

정의는 기회의 평등 속에 있을까? 「오징어 게임」이 제기한 문제가 바로 이 문제다. 현실 상황을 탈출할 수 있는 마지막 기회이자, 그동안 기회를 얻지 못한 사람들, 그 기회를 활용할 줄 몰랐던 사람들을 포함해 누구에게나 똑같이 제공된 기회다. 출생의 우연성과 기회의 자리를 전제로 해 재능이 없는 불평등에 대한 보상의 기회를 평등하게 만들어야 한다고 생각하는 것이다.

「오징어 게임」에서 게임의 규칙은 이런 제안을 극단적으로 밀어붙인다. 그러나 그 아이디어는 기회의 평등이 정의롭다는 사실을 확인해준다. 우리가 책임질 수 없는 실패를 보상해주기 때문이다. 또 기회를 얻지 못했기에 가난한 자들에게 도움을 제공해야 한다고 생각한다. 매력적인 이런 제안은 존재의 우연에서 기인하는 불평등을 지워버리려고 시도한다. 출생에 상관없이 누구든 성공에 대한 똑같은 기회를 부여받아야 한다. 그러나 여기에는 어려움이 있다. 선택에 관련된 것과 기회에 관련된 것은 어떻게 구분할 수 있을까? 사실, 좋은 선택을 한 자들만이 성공을 누릴 수 있다.

선택과 기회의 구분은 설정하기가 매우 어렵다. 올바른 선택이 무엇인지 결정할 수 있어야 하기 때문이다. 그 구분은 기회의 평등에 대한 이런 생각을 근본적으로 거부하지 않으면서 개인의 책임을

오징어 게임의 철학

중심으로 생각한다. 또 사회가 특정 재능을 더 중시한다는 사실을 제쳐두고 재능이라는 막다른 기준에까지 우리를 밀어 넣는다. 기회의 평등이라는 생각의 이면에는 동의한 가치에 대해 그 어떤 질문도 던져보지 않은 채 어떤 경력이 필연적으로 다른 경력보다 더 가치를 지닌다는 생각이 숨어 있다.

우리 시대를 뒤덮은 코로나바이러스가 그 좋은 사례다. 사람들은 사회적으로 그리고 경제적으로 인정받지 못한 개인들이 성취한 작업을 '중요한' 직업으로 지정한다. 위험은 굴욕감을 훨씬 더 안겨준 사회의 구조와 선입견에 의문을 제기하는 일을 망각하는 데에 있다.

재능을 가진 사람들이 그 재능을 계발하고, 이런 재능들이 시장에서 생산하는 이득이 공동체 전체에 속한다고 확신하면서 재능을 실행하도록 그들을 독려할 수 있을지에 대해 생각하는 것이 필요하다. 그들이 얻는 이득은 전적으로 그들에게만 속하지 않는다. 대단한 태생적 능력을 누리지 못하는 자들과 공유돼야 한다. 하지만 이런 재능들이 인정돼야 하며, 그러한 인정이 단지 몇 사람에게 국한돼서는 안 된다. 나이 든 사람들을 인격적으로 돌보는 일은 모든 사람이 다 갖고 있지 않은 특성을 당연히 필요로 한다.

기회의 평등? 좋다. 하지만 무엇을 하려고? 오직 생존하기 위해서라면 그건 의미가 없다. 즐기기 위해 죽음의 게임을 개최할 정도로 타자를 희생시키면서 부를 축적하기 위해서라면 그것 역시 의미가 없다.

많은 문제가 끊임없이 제기될 것이다. 개인의 개화開化를 어떻게 보장할까? 불우한 사람이라 지칭할 때 그들은 어떤 범주의 사람들일까? 「오징어 게임」에 참가한 각자의 상황이 다른 것은 분명하다. 그 누구도 마피아 갱스터, 경제 난민이나 정치 망명자를 식별해낼 수 없다. 긍정적으로 보면, 이런 사례들은 불평등이 단지 각 국가 내부에 한정되는 게 아니라, 훨씬 더 글로벌한 시각에서 파악될 수 있다는 사실을 우리에게 보여준다. 대한민국 국경을 넘어서 거둔 「오징어 게임」의 성공이 그 사실을 입증하며, 「오징어 게임」 VIP들의 영어 악센트가 그러한 사실을 그려내고 있다.

5. 정의로운 세계

「오징어 게임」이 세계화된 자본주의 세계의 폐해를 그려내고 있는 것은 명백하다. 하지만 그렇게 단정하려면 정의로운 사회와 세계가 어떤 것인지, 그 세계를 더 정의롭게 만들기 위해 어떻게 해야 하는지 질문해봐야 한다.

"세계의 빈곤 수치는 잘 알려져 있다. 절대 빈곤으로 말미암아 1990년부터 2005년까지 사망한 사람 숫자는 2억 7천만 명에 달한다. 20세기에 벌어진 전쟁의 희생자 수보다 더 많다. 매년 세계에서 발생하는 사망자의 3분의 1인 1천8백만 명은 빈곤 때문이다. 매달 1백5십만 명이, 매일 5만 명이 가난으로 인해 숨지고 있다."[32]

「오징어 게임」이 보여준 폭력이 충격을 줄 수 있다. 그러나 우리

---

32 노흐라 푸아드(FOUAD Nohra), 『개발도상국에서의 교육 정책, 인간 해방 그리고 사회적 불평등(*Politiques éducatives, émancipation humaine et inégalités sociales dans les pays en voie de développement*)』, 2010.

가 환기시킨 숫자보다 더 슬프게 만들지는 않는다. 우리가 며칠 동안 매일 매번 5만 명의 희생자를 내는 일련의 참상을 겪는다고 상상해보자. 그러면 불평등 문제는 각 국가 내부에서 개인들끼리의 관계 문제만이 아니라 부유한 국가와 가난한 국가들 사이의 관계 문제이기도 할 것이다. 글로벌한 차원의 이야기다. 이런 전제에 대해 두 가지 접근 방식이 가능해졌다. 자기를 계발할 최대한의 가능성을 개인에게 부여하면서 가난과 맞서 싸우는 방법을 생각할 수도 있고, 오직 부의 재분배를 통해서만 그런 일이 가능하다고 생각해볼 수도 있다. 첫 번째 접근 방식은 자유를 통한 방식이고, 두 번째 접근 방식은 자원을 통한 방식이다.

자유를 통한 접근 방식

자유를 통한 접근 방식은 롤스가 옹호하는 방식이다. 그는 일부 국가들이 법치국가가 아니기 때문에 협력을 원치 않는다거나 혹은 그들의 전통으로 인해 자원의 단순한 이전이 비효율적이라는 점을 강조한다. 따라서 목표는 모든 국가가 민주주의 논리에 동참하는 일이다. 정의로운 사회가 될 수 있는 조건들을 수립하기 위해서다. 사회구조를 조절하면 정의를 확립할 수 있다. 그렇다면 특히 족

오징어 게임의 철학

쇄가 채워진 사회에서 불평등 문제를 해결할 수 있는 길은 분배 정책이 아니라 구호 의무다. 구호의 목적은 이런 사회들이 합리적이고도 이성적으로 자신들 문제를 관리하도록 하기 위해서다. "이성적이고 합리적으로 통치하더라도 잘 정리될 수 없을 정도로 자원이 극히 드문 예외적인 경우들을 제외한다면 이 세계에서 적용되지 않는 사회는 그 어떤 사회도 존재하지 않을 것이기 때문이다."[33]

노벨상 수상자이고, 현대 인도의 경제학자이자 철학자인 아마르티아 쿠마르 센Amartya Kumar Sen(1933~)은 자기를 계발할 가능성을 개인들에게 제공하기를 강조한다. 개인들은 똑같은 행동을 수행할 정도로 똑같은 필요를 느끼지 않는다. 반신불수의 사람에게는 버스를 탈 그 어떤 기회도 없다. 특별히 설계된 버스가 아니라면 말이다. 우리에게 팔이 없고 운전을 증오한다면 국가가 우리에게 페라리 차량을 제공한다 해도 별로 소용이 없다. 평등하게 만들어야 할 것은 효과적으로 작동할 가능성이다. 이런 조건들에서 부의 재분배를 목적으로 하는 자원에 따른 접근 방식은 충분치 않다. 그러한 방식이 상황의 특수성을 고려하지 않기 때문이고, 국내총생산(GDP)이나 부만을 가난의 지표로 사용하기 때문이다. 다른 지표들을 수립하려고 애써야만 한다.

----

[33] 존 롤스(RAWLS John), 『만민법(Le Droit des gens)』 [원제는 The Law of Peoples], 1998.

자원을 통한 접근 방식

그 어떤 국가도 충분한 자원을 보유하고 있지 못하다는 점에서 '자원주의자[ressourciste]' 관점이 등장한다. 빈곤의 요인들이 국지적일 뿐만 아니라 세계적이기도 하기 때문이다. 빈곤의 뿌리까지 거슬러 올라가면, 자신들이 정작 차단하려고 애쓰는 빈곤에 부유한 국가들이 적어도 간접적으로 영향을 끼쳤다는 사실을 알 수 있다. 따라서 국제적인 구조 개혁을 통한 자원의 재분배라는 의무가 제기된다.

우리는 우리가 저지하려고 애쓰는 빈곤에 간접적으로 관여한다. 우리가 타자를 향해 자원自願해야 하는 자선의 요구 같은 긍정적인 의무는 갖고 있지 않다. 그러나 우리의 책임에서 비롯되는 부정적 의무는 있다. 더 행하는 것보다 덜 행할 의무를 지닌 것이다. 다시 말해 덜 해악을 끼칠 의무다. 그것은 재분배 정책과 연관이 있다.

이 두 가지 접근 방식 중 배타적으로 하나만을 적용한다면 문제를 단순화하는 방법이다. 현재의 작업은 두 가지 접근 방식을 조합하려고 하고 있다. 문제가 경제 부분 문제만은 아니라는 생각 때문이다. 자원을 통한 접근 방식이 그 자체로 충분하지 않다면, 비록 경제 부분이 중요하다 해도 문제가 경제 부분에만 있는 것은 아니

오징어 게임의 철학

라는 말이다. 예를 들어 센이 주창한 행동은 능력을 통한 도약이 중요하다는 사실을 보여준다. 개인들에게 모종의 존엄성을 다시 부여하기 때문이다. 외부의 억압이 자행될 때, 그 누구도 의도적으로 자기 나라와의 연결고리를 끊지 않는다. 종종 궁지에 몰린 그런 순간에 개인들은 「오징어 게임」 속의 등장인물들처럼 자신의 목숨을 내건 배에 탑승한다.

하지만 정의에 대한 개념은 복수적複數的이며 분리 자체가 불가능할 수 있다. 이 문제에 대해서는 유명한 공식 토론 사례가 있다.

센과 플루트의 문제

자신의 저서 『정의의 아이디어The Idea of Justice』[34]에서 센은 우리에게 다음과 같은 질문을 던진다. 세 명의 어린이 안Anne, 봅Bob 그리고 카를라Carla는 서로 플루트를 차지하겠다고 다툰다. 안은 자신만이 플루트를 불 줄 안다고 주장한다. 봅은 가난했기 때문에 최소한의 장난감도 갖고 놀 수 없었다고 자신의 권리를 내세운다. 카를라는 자신이 플루트를 만든다고 여러 달을 허비한 점을 강조한

---

34 아마르티아 센(SEN Amartya), 『정의의 아이디어(L'Idée de justice)』[원제는 *The Idea of Justice*], 2009.

다. 아이마다 훌륭한 이유가 있지만 각 주장은 서로 충돌한다. 어떤 결정이 정당한 결정일까? 각자가 나름대로 정당한 주장을 내세우기 때문에, 결정이 하나라고 생각한다면 착각하는 일이다. 공리주의자[35]라면 행복을 내세우면서 안의 손을 들어줄 수 있다. 안이 악기를 연주할 줄 알고, 음악을 듣는 이들에게 만족을 줄 수 있기 때문이다. 하지만 봅의 행복에 대해서도 생각해볼 수 있다. 갑자기 장난감을 손에 넣게 된 봅의 행복은 그의 행실, 그룹 내에서의 그의 위상 등에 중대한 영향을 끼칠 수 있기 때문이다. 만약 자유지상주의자[36]라면 플루트가 카를라의 손에 들어가야 한다고 주장할 것이다. 자기가 일해서 만든 플루트이기 때문이다. 평등주의자라면 가진 것이 아무것도 없는 봅에게 플루트가 주어져야 한다고 생각할 것이다. 이렇듯 결정은 쉽지 않다. 각 관점 내부에서도 여러 토론이 가능하다. 원칙들을 맹목적으로 적용할 수는 없지만, 결론을 도출해야 한다. 그리고 이때에도 당대의 지식과 결과들을 고려하면서, 그리고 특히 결정에 대한 책임을 받아들이면서 공개적으로 관점들을 충돌시켜보는 것이 관건이다. 정의는 단지 제도의 문제가 아니라 정신과 행동의 문제이기도 하다. 무엇보다도 정의는 실질적으로 민주주의를 강화하는 방향을 전제로 한다.

....

35   위의 책, p. 34.
36   위의 책, p. 16.

정의에 대한 모든 성찰에는 결국 책임의 개념에 관한 질문이 뒤따른다. 책임을 진다는 것은 자기 행동, 자신의 결정, 자신의 선택으로 대답할 수 있음을 의미한다. 우리가 전적으로 원인을 제공하기 때문이다. 책임을 진다는 것은 동의할 수 있다는 말이다.

외부의 조건들이 개인이 결정한 바로 그곳에서 그의 책임을 확인하고, 또 동의가 만들어낸 결과인 바로 그곳에서 동의에 대해 말하면서 사람들은 불평등을 정당화하고 게임의 승자와 패자로 나뉘는 세계를 생산해낸다. 이기는 것은 노동과 노력, 재능을 통해 보상받는 것을 의미한다. 이기는 것은 무엇보다도 부를 축적하는 일이다. 천장에 매달려 있는 유리 저금통은 우리에게 그 사실을 끊임없이 상기시켜준다. 승리는 타인들과의 경쟁 속에서만 획득된다. 게임 참가자들은 '노동자'로, 교도관들은 '매니저'로 불린다. 「오징어 게임」이 우리에게 불공정한 사회의 완성을 묘사해주고 있고, 노동의 가치화가 우리를 뛰어넘는 논리에 귀속되어 있다면 노동에 대한 모든 가치를 부정해야 하지 않을까?

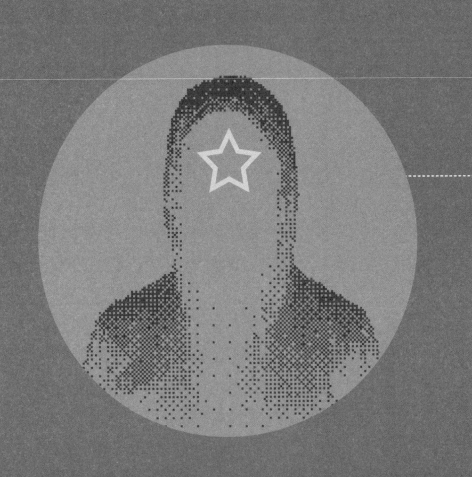

제4장

노동

게임에서 노동으로:
노동의 가치는 무엇일까?

　'오징어 게임'[영어로는 squid game]은 아이들 놀이다. '무궁화 꽃이 피었습니다', '구슬 놀이'도 그렇다. 게임은 세상을 에워싸고, 그것을 발견하며, 규칙에 따르고, 시간 대부분을 타자와 맞서는 방식으로 진행된다. 게임 속에서 사람들은 '마치 ~인 척한다.' 아이들은 남녀 선생을, 의사를, 구급차 기사를, 남녀 상인을 연기한다. 게임을 통해 아이는 세상을 발견하고 모방하며, 그것을 자기 것으로 만들려고 한다. 그러나 게임은 오로지 아이들만의 이야기는 아니며, 사회생활을 전제로 하는 것이기도 하다. 장폴 사르트르Jean-Paul

오징어 게임의 철학

Sartre(1905~1980)가 말한 것처럼[37] 배우가 햄릿을 연기하듯이 우리는 사회를 재현하고 있다. 우리는 놀이를 한다. 그리고 우리 각자는 타인이 그들의 역할을 어떻게 수행하는지 기다린다. 게임은 예의의 문제이기도 하다. 타자의 눈에 우리가 어떻게 보이는가를 가늠하는 것이 중요하다. 우리가 홀로 살아가고 있지 않기 때문이다. 예의는 정치적인 의미를 띠고 있으며, 그리스어로 도시를 뜻하는 폴리스 polis의 생활 조건이기도 하다. 함께 살아가기 위한 조건 중 하나라는 뜻이다.

게임이 이런 사회적 차원의 성격을 띠고 있다면, 게임은 항상 쾌락과 동의어일 수 없다. 게임은 승자와 패자를 요구한다. 게임에서는 각자가 자기 역할과 자리를 지켜야 하는 규칙이 있다. 만약 어떤 사람이 타인을 속일 경우, '그것은 게임이 아니다'. 게임은 진지한 일이고, 사람들은 유희로 게임을 하지 않으며, 반드시 지켜야 할 선이 있다. 이처럼 게임이 너무나 진지하다는 사실 때문에 사람들이 전통적으로 유희와 대립시키는 노동이 게임의 형태를 취할 수도 있다. 「오징어 게임」 참가자들이 게임을 하지만 그들은 '노동자'이고, 교도관들은 '매니저'들이다.

게임에서처럼 노동도 자신만의 규칙, 경쟁력, 승자와 패자, 팀,

---

37   장폴 사르트르(Sartre Jean-Paul), 『존재와 무(L'Être et le néant)』, 1943.

심판, 코치, 배내옷과 단복을 보유하고 있다. 게임과 다른 점은 노동은 생산하거나 생명 유지에 필요한 것들에 즉시 대응한다는 점이다. 무엇보다도 노동은 성인들의 일이고, 게임은 아이들의 일과 더 밀접하다. 놀이가 레크리에이션 마당에서 아이들을 즐겁게 하지만, 「오징어 게임」은 그 놀이가 성인들에게는 비극적으로 삶과 죽음의 문제가 된 경우다. '아이들 놀이'일 때는 쉬운 일이고 진지하지 않게 보이지만, 이는 아이들이 게임을 할 때 얼마나 진지한지를 모르는 오류를 범하는 것이다.

노동이 아주 진지하게 달려든 게임에 불과하다고 믿게 한다면? 노동과 게임 간에는 성인이 게임을 한다는 차이밖에 없다.

만약 노동이 투쟁, 경쟁을 추구하는 방식에 불과하다면? 이번에는 노동이 세상을 에워싸기 위함이 아니라 세상을 감내하고, 세상에 복종하며, 세상에 적응하기 위한 것이다.

때로는 사람들은 팀을 짜고 놀이 세계를 구축한다. 그 속에서 노동자들은 미니 축구 놀이를 할 수도 있고, 전기 외발 롤러스케이트를 타고 이동할 수도 있으며, 더 많이 생산하기 위해 몇몇 축제를 벌일 수도 있다. 가능하다면 기쁨 속에서, 애정이 생긴 새로운 대가족 속에서의 삶이 돼버린 또 다른 삶의 순간을 만들어내면서다. 하지만 「오징어 게임」 시리즈가 우리에게 보여주듯이 규칙은 참가자들이 없이 결정됐다. 놀이하는 아이는 규칙을 따르는 법을 배우지만

오징어 게임의 철학

종종 그것들을 각색하거나 변모시킨다. 아이는 골대 사이 기둥의 폭을 결정하고, 종종 아주 가혹한 여선생이 고분고분해지도록 만들거나, 그녀가 교실을 떠날지를 결정한다. 아이는 규칙을 바꾸면서 삶의 어려움을 어느 정도 가볍게 만들 수 있다. 하지만 아이는 진지한 활동을 실행할 목적으로 게임을 한다는 점을 이미 잘 알고 있다. 노동은 쾌락 없는 게임의 확장에 지나지 않는 것이 아닐까? 노동이 제공하는 빵에서부터 게임의 이득에 이르기까지 같은 동전의 서로 다른 면에 불과한 것이 아닐까?

처음부터 조직적이지는 않았지만 「오징어 게임」이 그려낸 게임의 세계는 학살로 이어지는 노동 수용소 양상을 하고 있다. 아우슈비츠수용소는 '노동이 자유롭게 한다'라고 주장한다. 반면 「오징어 게임」 시리즈 속에서의 유일한 해방은 게임을 통해 이루어지는 해방이다. 그 해방은 단 한 명의 승자에게만 돌아간다. 「오징어 게임」의 세계는 장난감 가게 색깔을 한 무미건조한 환경 속에서 재현된다. 경쟁이 난무한 세상의 폭력 속에서 개인들은 계산하고, 투쟁하며, 도박을 걸고, 승자가 되기 위해 움직인다. 성인이 된 참가자들은 자신들을 만들어낸 가해자를 위해 임무를 완수한다. 사회에서 탈출하는 일이다.

하지만 게임이 아이들을 사회적인 존재로 만든다고 한다면, 노동 역시 인간을 계발할 수 있는 중요한 사회적 차원의 능력을 보유하고 있다. 사람들은 노동이 생산하는 소외를 비판할 수도 있고, 노동이 각자에게 부과하는 경쟁 논리를 공격할 수도 있으며, 사회적 조건에 대해서는 무겁게 침묵하면서도 성공 이데올로기를 살찌울 뿐인 노력에 대한 맹목적인 찬양에 동참하는 노동의 가치화를 비난할 수도 있다. 그러나 그렇다고 해서 노동으로부터 모든 가치를 박탈해야 할까? 만약 노동이 필요라 하면 어느 정도까지 노동에 대해 비판할 수 있을까?

　　　　　　　　　　　　　　오징어 게임의 철학

1. 노동의 패러다임:
이 세상 모든 것이 노동 이상은 아니다

우리를 놀라게 하는 것은 바로 게임이 가져온 방향 전환이다. 통상 이완과 쾌락의 동의어인 게임의 개념은 「오징어 게임」에서 자신의 목숨을 구해내는 유일한 수단이 된다. 그러나 게임으로서의 방향 전환은 외부 세계가 보여주는 폭력의 재현 이상이 아니다. 게임 자체를 포함한 모든 것은 동일 형태 곧 투쟁, 생존을 위한 잔인한 경쟁의 형태를 띤다. 오일남이나 VIP들이 게임을 한다고 주장하지만, 참가자들은 이런 활동 속에서 권태에 벗어나면서 침몰하지 않을 생리적인 필요를 느낀다. 노동을 흉내 내는 것은 게임이 아니며, 정신 세계에서 보면 완전한 착란이다. 종국에는 노동의 논리가 모든 활동에 선행한다. 게임 참가자들, 교도관들. 주최 측 관계자들에 상관없이 그들의 모든 활동은 오직 생존 쪽으로 방향이 정해진다. 그것이 생존의 필요와 충족 속에 거주하는 노동의 의미다. 여기서 아우슈비츠수용소 입구에서 노동자들을 맞이하는 '노동이 자유롭게 하리라'라는 구호는 '게임이 자유롭게 하리라'라는 구호로 대치될 수 있을 것이다. 하지만 그 어느 것도 자유 대신 쓸 수 있는 말은 아니라는 점은 명백하다. 노동의 문제를 다루면서 마르크스는 정신의 현시일 때 노동이 자유롭게 해준다는 사실을 확인해줬다. 그는 인간 노동의 특수성을 강조하면서 그것을 기계적인 것에 불과한 동물들의 행동과 구분했다.

> "가장 형편없는 건축가를 가장 숙련된 꿀벌과 즉시 구분해내는
> 방법은 그 꿀벌이 벌집 안에 구멍을 짓기 전에
> 건축가가 그 구멍을 머릿속으로 지었다는 점이다."[38]

　　노동이 우리에게 필요한 것을 충족시키는 일에도 관련이 있지만, 우리 인간들에게 있어 노동은 자기의 행동과 하는 일을 생각하는 정신을 전제로 하는 활동이기도 하다. 그러나 노동을 하는 자가 자기 활동을 박탈당하지 않고 또 활동의 결과를 볼 수 있을 때만 노동이 의미를 지닌다. 어린이가 놀이하면서 자기 행동의 결과에 대해 감탄할 때와 같다. 기계적인 노동이 그런 의미를 부여할 수 없을 뿐만 아니라, 특히 일반적인 방식의 노동은 늘 필요의 충족에 그치고 만다. 우리는 소비하기 위해 일한다. 그리고 소비하는 순간부터

38　카를 마르크스(MARX Karl), 『자본론(*Le Capital*)』[원제는 *Das Kapital. Kritik der politischen Ökonomie*], 1867.

　　　　　　　　　　　　오징어 게임의 철학

우리는 노동이 필요하다. 노동은 다시 일하기 위해 자신의 힘을 갱신할 수 있도록 생산하는 활동이다. 노동이 이런 테두리 안에 갇힌 것이 현실이기 때문에 여가조차도 소비하는 시간이 된다. 「오징어 게임」 속의 VIP들도 이런 논리에 갇힌 채 즐기기 위해 소비한다.

그러나 소비의 특징은 덧없고, 시간의 지속에도 남아 있지 않으며, 끝없이 반복되는 데 있다. 소비는 생존의 문제로 바뀌고, 게임은 쾌락과 동의어이기는커녕 생존의 형태를 취한다. 결국 노동은 우리를 해방시켜주는 대신, 필요, 구체적으로는 생물학적 필요의 요구에 우리를 예속시키는 활동이 된다. 사람들이 '노동 수용소'에 대해 한 이야기는 놀랍지 않다. 그러나 「오징어 게임」 시리즈가 우리에게 보여준 바와 같이, 최악의 문제는 차후 모든 활동이 이와 같은 패러다임에 예속되는 일이다. 우리 사회에서 노동은 사회를 조직하고 우리들의 모든 활동을 구조화하는 것이 돼버렸다. 결국 이 세상 모든 것이 노동 이상의 것이 아니다.

그러나 소비란 우리가 살아 있는 다른 존재들과 공유하는 활동이다. 세포들 자체도 노동하면서 소비한다. 소비는 가장 기본적인 인간 활동으로 우리를 이끌며, 우리 존재를 끝없이 반복되는 생존 논리로 축소한다. 소비는 필요로 하는 것의 파괴를 전제로 하기 때문이다. 「오징어 게임」에서 보면, 승자들의 생존을 보장하는 하나의 게임이 끝나자마자 또 다른 게임이 다시 시작된다. 지속되는 것은 아무엇도 없고, 각자는 생명의 이행 과정에 갇혀 있다. 대량으로 생산한 물건들의 '계획적 진부화[obsolescence programmée]'를 통해 우리는 그런 모습을 일상적으로 만난다. 전체주의 체제의 노동 수용소는 인간 존재를, 생존하기 위해 마시고, 먹고, 잠을 자는 생물학적 존재로 축소하는 원칙을 최대한 적용한다. 소비사회는 더 온건한 방식으로 개인을 생존 논리에 예속시키고, 그들을 살아 있는 모든 생명체가 가지고 있는 공통된 활동만 하는 존재로까지 추락시키면서 비인간화 운동을 연장한다.

아렌트는 『현대인의 조건*The Human Condition*』[39]에서 그것을 강조한다. 필요에 대한 종속에 지나지 않은 노동은 우리를 인간 존재로 만드는 활동이 아니다. 모든 생명체처럼 우리에게도 일할 필요가 있기는 하다. 그러나 그렇다고 우리가 생물학적인 존재인 것만은 아니다. 우리는 물건을 만들어낼 수도 있고, 동시에 우리가 살아가는 사물의 세상을 건설할 수도 있는 존재다. 동물이 자연을 가지고 있다면 인간은 세상을 세운다. 프로메테우스 신화라는 고대의 한 위대한 신화가 우리에게 그 점을 가르쳐주고 있다.

....

[39]   해나 아렌트(ARENDT Hannah), 『현대인의 조건(*La Condition de l'homme moderne*』[원제는 *The Human Condition*], 1958.

프로메테우스 신화

때는 생명이 창조되는 시기다. 두 명의 인물이 만들어지고 있었는데, 에피메테우스Epiméthée와 프로메테우스Prométhée다. 에피메테우스는 모든 종種에게 평등을 부여하려는 배려에서 재화를 나눠주는 책임을 맡는다. 일부에게는 힘을 주고, 다른 동식물에는 민첩성을, 또 다른 생명체들에는 스스로 방어하고 추위로부터 자신을 지킬 수 있도록 발톱과 털을 부여했다. 또 나머지 부류에는 날 수 있도록 날개를 달아줬다. 따라서 재화는 모든 종이 생존할 수 있도록 공평한 방식으로 분배된 것처럼 보였다. 하지만 프로메테우스가 재고 조사를 해보니 에피메테우스가 가장 중요한 종인 인간을 빠뜨렸다. 재화의 분배가 이미 끝난 탓에 인간은 아무것도 지니지 못한 존재가 된다. 완전히 부적격 존재가 된 것이다. 빠뜨린 종인 인간을 위해 프로메테우스는 신들에게서 생존 수단을 훔쳐내기로 결심한다. 그렇게 해서 불을 차지한 것이다. 불 덕분에 인간은 자신만의 예술을 만들어낼 수도, 자신만의 도구를 만들어낼 수도 있게 됐다.

이 신화는 인간을 기술을 가진 동물로 정의하려고 한다. 인간은 기술을 활용할 수 있는 유일한 동물이다. 환경에 적응된 다른 동물들과는 정반대로 인간은 부적격 존재다. 인간은 살아남기 위해서라도 환경을 변화시켜야 한다. 적격은 아니지만 적응하는 능력은 보유하고 있다. 다른 용어로 정의하면 인간은 자유롭다. 반면 동물은 행하도록 정해진 것만 할 수 있을 뿐이다. 북극곰을 사막에 두면 죽는다. 기린을 빙산에 갖다 놓으면 역시 죽는다. 반면 인간은 피난처를 짓고, 의복을 만들어낸다. 자신의 존재를 스스로 만들어내는 것이다.

인간이 기술을 다루는 동물이라고 말하는 것은 자연의 개념과 세계의 개념을 구분하는 일이다. 노동의 열매와는 정반대로, 시간이 흘러도 자리를 잡는 물건을 만들어낼 줄 아는 존재가 인간이다.

노동[travail], 작업[œuvre], 행위[action]

영어로 책을 썼던 아렌트는 『현대인의 조건』에서 프랑스어보다 영어를 쓰면 의미 파악이 더 쉬운 용어들을 구분해 사용했다. 바로 'labor'와 'work'의 구분인데, 이 용어들은 프랑스어로는 모두 'travail'로 무심코 번역하는 단어들이다.

'labor'는 우리가 '노동'으로 지칭하는 활동으로, 일시적이고도 단순한 소비, 우리가 타인들과 공유하는 생물학적 차원과 연관된다. 바로 그런 이유로 인간 문명은 노동에서 벗어나려고 노력했다고

오징어 게임의 철학

아렌트는 강조한다. 이런 차원은 고대 그리스에서 그 모습을 찾아볼 수 있는데, 아리스토텔레스의 필치로 이미 그려낸 바 있다. 노동은 자유로운 인간인 시민의 반대편에 있는 노예들이 떠맡은 기능이다. 당시의 노예는 공공 생활에 참여하지 않는 자였고, 세계로부터 단절된 자였다.

'work'는 우리가 역시 '노동'으로 번역하는 용어지만, 혼란을 피하게끔 아렌트의 분석에 따라 만드는 것을 가리키는 '작업'으로 번역한다. 작업 속에는 인간적인 그 무엇이 들어 있다. 프랑스어로 '그 무엇을 위해 일하다[œuvrer à quelque chose]'라고 표현할 때 찾아볼 수 있는 의미다. 창조하면서, 물건을 만들면서 사람들은 지속할 사물들을 제작한다. 제조를 통해 동물성은 인간성으로 바뀐다. 물건으로 만들어낸 인공 세계를 제공하는 것이다. 우리는 그것을 사회화된 차원에서의 노동이라 칭한다. '아니말 라보란스animal laborans'에서 '호모 파베르homo faber'로 넘어간다. 소비에서 사용으로 넘어가며, 이런 활동을 통해 바야흐로 세계를 세우는 것이다. 우리는 이미 세워진 세계에서 태어나고 그 속에서 살아남게 된다. 도로, 집, 가구 등 세계를 세우고, 조직하며, 관리하고, 매개자를 통해 사회관계를 구축한다. 사람들은 지속되고, 전수되도록 물건들을 만든다. 그를 통해 순전히 생물학적인 활동에서 벗어난다.

그러나 인간은 오직 생존하기 위해서만 노동을 하는 것은 아니다. 그들은 어떤 때는 교환하는 물건들을 생산한다. 인간은 말하고 생각을 교환할 수 있으며, 함께 행동하기 위해 협의할 수 있다. 바로 이런 세 번째 활동을 아렌트는 '행동'이라고 명명한다. 행동은 인간을 '정치적 동물'로 만든다. 다시 말해 규범과 가치의 세계를 만든 후 인간은 그 안에서 자신을 계발한다. 그것이 가장 고귀한 인간 활동이다.

삶이 노동으로 축소되고, 노동이 다른 모든 것을 조직하는 활동이 될 때, 인간 존재는 더 이상 세계를 보유하지 못하며 비인간적인 상태가 된다. 모든 것이 덧없는 생산 운동 안에 갇혔을 때의 상황이 그렇다. 반면 일들은 소비의 주기 속으로 들어가며, 우리는 예술조차 시장의 물건이 돼버린 사회, 정치인들조차 노동하는 사회 속에서 살아간다. 「오징어 게임」이 우리에게 묘사해 보여주고 있는 이런 현대사회는 점점 필요에 대한 예속으로 인정된 노동을 나머지 모두를 뛰어넘는 가치로 만들어 나간다. 게임 자체도 게임 참가자들과 주최 측 관계자들에게 생존 문제가 된다. 가치와 선택에 대해 의문을 가지고 토의할만한 더 이상의 자리, 더 이상의 공간이 없다. 오직 생존의 급박함만이 공동생활을 조직한다. 그리고 우리의 모든 활동은 노동에 복종한다. 노동 구조가 규범이 되는 것이다. 대처가 수상을 역임하던 시절에 설파한 바와 같이, '대안은 없다'. 지배적 모델에 적응하는 일만이 남아 있다. 자의적이지만 규칙들이 부과되며, 살아남기를 원하면 그 규칙에 따라야 한다. 프로메테우스 신화에서처럼 인간을 동물과 구분하는 방식은 사라진다. 오직 적응의 원칙만 남는다. 우리는 인간을 '생물학적으로 설명하는 방식[biologisation]'에 동참하게 되며, 제거를 통한 죽음은 승자들의 생존에 필요한 여러 사건 중 하나가 된다. 모든 일이 경쟁과 계산 방식에 따라 체험될 때, 죽음은 남아 있는 자들에게 끊임없이 영향을 끼친다. 당연히 「오징어 게임」이 그려낸 폭력은 외부 세계의 폭력을 떠올리게 한다. 일자리를 잃은 기훈이 섬으로 들어올 수밖에 없었던 취약함, 알리가 공장에서 감내해야 했던 모멸감 등이 그에 해당한다.

바르바라 스티글러Barbara Stiegler가 자신의 저서 『적응해야 한다*Il faut s'adapter*』[40]에서 구체적으로 분석한 바와 같이, 우리는 이런 상황을 새로운 테크놀로지나 자본주의 발전으로 축소할 수 없다. 마찬가지로 이런 변화들은 인간이라는 종에 대한 모종의 담론에 입각해 구축돼 있다.

....

[40]　바르바라 스티글러(STIEGLER Barbara), 『적응해야 한다(*Il faut s'adapter*)』, 2019.

신자유주의의 탄생

스티글러는 새로운 정치적 요구에서 태동한 신자유주의라는 이름을 가진 흐름이 1929년 대공황 때 시작해 1970년대가 될 때까지 어떻게 점점 지배적 흐름이 되었는가를 설명한다. 18세기와 19세기의 자유주의자들은 시장을 자발적으로 조절하는 인간 본성의 능력을 신뢰했다. 그러나 일부 사람들이 1929년의 대공황은 인간이 새로운 경제적 요구에 적응하지 못한 데서 기인했다고 생각하면서 상황을 뒤바꾼다. 산업혁명은 차후 개인들이 적응할 수밖에 없는 새로운 리듬을 부과했다. 옛것을 대치한 변화무쌍하고 불안정해진 환경에 직면해 인간 본성의 재적응 과정을 시작하는 일이 필요해지고 그 과정은 유연해야 했다. 바로 이런 생각이 미국 저널리스트이자 작가인 월터 리프먼Walter Lippmann(1889~1974)의 관점이었다. 그는 새로운 사회가 어떤 사회여야 할지를 분석했다.[41] 그는 미국의 저명한 지식인인 존 듀이John Dewey(1859~1952)에 맞섰다. 듀이는 민주주의의 열렬한 옹호자였고, 위기의 책임을 자본주의가 왜곡시킨 산업 환경 탓으로 돌리면서 공적 토론과 집단 지성에 중요한 자리를 부여해야 한다고 생각하던 인물이었다. 리프먼 입장에서는 사람을 새

....

41   월터 리프먼(Lippmann Walter), 『위대한 사회(Le Cité libre)』[원제는 The Good Society], 1938.

로운 사회에 재적응시키면서 그들 내부에서 동의를 끌어내는 것이 중요했다. 예를 들어 교육 개혁은 그람시의 '문화 헤게모니'[42]란 용어를 통해 이미 살펴본 바와 같이, 새로운 적응을 생각할 수 있는 경쟁력 있는 전문가들로만 구성된 정부를 만들어내기 위해서다.

1938년에 파리에서 열린 '리프먼 학술 대회[colloque Lippmann]'에는 26명의 자유주의 지식인과 경제학자들이 모였다. 그들은 '자유주의'란 용어를 '신자유주의'란 용어로 대치할 필요성에 대해 논의하게 된다. 하이에크[43]도 그중 한 사람이었다. 제2차 세계대전 때문에 '리프먼 학술 대회'의 후속 연구는 즉시 이루어지지 않았지만, 1970년대에 도래한 새로운 경제 위기는 이런 사상이 중요하게 받아들여지도록 만들어줬다.

―――――

"인구를 교육하고, 전문화의 삶을 위해 인간들을 무장시키지만, 그래도 전문성을 바꿔야 할 정도로 해결되지 않은 임무가 존재한다. 노동의 분리 경제는 우생학과 교육 문제를 실제로 취급할 수 있는 구성원을 고전 경제에 전제해야 한다고 요구한다."[44]

―――――

42   위의 책, p. 51.
43   위의 책, p. 73.
44   위의 책.

적응 방식에 기초해 생각한 이런 노동의 가치화는 논쟁의 합리적 충돌로 인정된 정책의 소멸을 수반할 뿐이다. 또다시 우리는 도덕의 파멸을 목격한다. 간혹 패자들에 대한 동정이 대두하지만, 그것들은 사회의 요구로 곧바로 사라져버린다. 그 사회 속에서 죽음은 점점 더 눈에 보이지 않게 된다. 새벽의 목숨이 자기 목숨보다 더 중요하다는 사실을 인정하고서 지영이 자신을 희생할 때, 우리는 감동한다.[45] 일부 가치들이 모습을 드러내는 것처럼 보이는 순간은 어길 수 없고 이미 동의한[46] 규칙들에 대한 예속에서 죽음을 참아낼 수 있도록 하기 위해서다.

그렇다면 선택에 대해서는 어떻게 이야기할까? 우리는 『소피의 선택』[47]에서 하나 이상의 선택을 강요당하는 딜레마에 다시 빠진다. 아렌트의 표현을 다시 반복하면, 그 사회는 그러한 비인간적인 상황을 만들어내고, 선택의 개념을 거의 무의미하게 만들며, 기껏해야 사적 이익을 위해서만 함께 행동하고, 인간들 사이의 관계를 파괴하는, 세계가 붕괴한 사회다. 사회는 '노동자들의 사회'[48]가 됐다. 참가

---

45   제5회 '평등한 세상'.
46   '동의의 제조[fabrique du consentement]'란 표현은 1922년 리프먼이 고안해 냈다.
47   월터 리프먼(LIPPMANN Walter), 『위대한 사회(Le Cité libre)』[원제는 *The Good Society*], 1938., p. 31.
48   해나 아렌트, 앞의 책.

오징어 게임의 철학

자들, 매니저들, 주최 측 관계자들은 노동을 한다. 노동의 가치화는 세계 없는 세계, 문자 그대로 비인간적인 세상으로 이어진다.

그렇게 보면, 세계의 과격성을 다룬 「오징어 게임」 속의 섬은 제복, 각 참가자의 번호, 수감자들을 맞이하는 음악, 강요된 박자, 생산성의 부재 자체 등 노동 수용소의 모든 특징을 지니고 있다. 활동이 그 어떤 물건도 생산하지 않기 때문이다. 『인간이라는 종*L'Espèce humaine*』[49]을 통해 로베르 앙텔므Robert Antelme(1917~1990)는 수용소에 갇힌 사람들이 어떻게 구멍을 판 후 그것들을 잘 메우면서 시간을 소일할 수밖에 없었는가를 이야기하고 있다. 아렌트는 위축된 개인의 행동과 비교하기 위해 동물적인 조건의 행태를 묘사한 러시아 의사 이반 페트로비치 파블로프Ivan Petrovich Pavlov(1849~1936)를 거론한다. 외부의 요청에 반응은 기계적으로 일어나며, 울려 퍼지는 벨소리에 각자는 획일적인 반응을 보인다. 아렌트가 소비사회를 왜 '포스트전체주의사회'라고 말했는지 우리는 알 수 있다. 그러한 사회 조직은 필연적으로 육체의 통제를 통해 강요되는 징벌적 정치를 수반한다. 참가자들의 통제, 매니저들의 통제, 감시 카메라 등 감시와 통제는 섬 곳곳에서 작동한다. 식사 시간, 잠자는 시간 등 가장 생물학적인 차원에서조차 삶은 완벽하게 설계된다. 리프먼이 설파한

---

49   로베르 앙텔므(ANTELME Robert), 『인간이란 종(*L'Espèce humaine*)』, 1947.

것처럼, 결국 새로운 사회에 대한 개인의 모든 재적응은 경제적 자유[주최 측 관계자들은 제한 없이 돈을 향유한다.]와 규제, 게다가 기본권과 관련된 자유의 제거와 연결돼 있다. 우리가 이미 살펴본 것처럼, 경제적 자유의 이름으로 민주주의적 자유가 과격하게 조롱당하는 점에 충격을 받지 않았다[50]고 하이에크가 말한 것은 그리 놀라운 일이 아니다.

「오징어 게임」이 그려낸 이런 세계 속에서, 각각의 딜레마는 게임이 진행되면서 점점 참기 힘들어진다. 첫 번째 게임인 '무궁화꽃이 피었습니다'가 주로 개인적인 놀이였다면, 그를 뒤이은 게임들은 참가자들이 결정을 내릴 수 없게 만들며, 가장 가깝다고 생각하는 사람을 '구슬 놀이'를 통해, 그 단계까지 나아가게 해준 사람을 '거울 놀이'를 통해 제거할 때까지 연대의 시도를 파괴하도록 만든다. 어떤 태도를 취하는 게 가장 좋은지 처음부터 스스로 물어보게 만들고, 어떤 것이 가장 도덕적인지 우리에게 성찰하게 하는 이런 딜레마들은 그 어떤 해결책도 제시하지 않는다. 소피가 두 아이 사이에서 한 명을 선택해야만 했을 때 그 어떤 정당성도 부여받지 못한 것과 같다. 두 아이 중 누구를 지키거나 희생시켜야 하는지를 결정할 때 그녀는 동물의 울음소리를 낸다. 모든 결정은 도덕적으로 나쁘

----

50 월터 리프먼, 앞의 책, pp. 74-75.

오징어 게임의 철학

다. 노동을 기본적인 가치로 삼는 사회가 우리에게 부과하는 조건이 그렇다.

　그러나 우리는 이런 필요에서 벗어날 수 있을까? 그것이 늘 인류의 위대한 꿈이었고, 또 아리스토텔레스[51]가 이미 인간들이 더 고귀한 활동에 매진할 수 있도록 기계가 인간을 대신하는 시대를 예찬했지만, 노동에 그 어떤 가치도 부여하지 않아야 할까?

　「오징어 게임」 시리즈에서 제시된 노동 모델은 매니저, 즉 교도관의 존재를 전제로 하며 서열, 무한정의 예속, 고통을 수반한다. 만약 이런 패러다임이 사회 전체를 조직한다면, 주로 노동을 통해 체험한 현실을 활동으로 간주할 것이다. 그러나 노동에서 벗어날 수 있다고 생각하는 것은 착각이 아닐까? 우리가 노동에 대해 비판을 가할 수도 있고, 노동이 우리에게 부과하는 소외를 강조할 수도 있다. 하지만 필요에서 벗어나기란 힘들 것 같다. 대안이 존재하지 않는다고 생각해야 할까?

51　아리스토텔레스는 『정치학』에서 기계가 인간을 대신하는 날 노예도 더 이상 필요가 없어질 것이라고 강조했다.

2. 소외된 노동에서 노동의 필요로

목숨을 부지하는 것 외에는 그 어떤 것도 생산하지 않는 활동들을 완수하기 위해 「오징어 게임」 시리즈 속 곳곳에서 탄압이 등장한다. 게임 참가자들, 교도관들, 주최 측 관계자들 각자가 규칙을 받아들이며, 각자가 명령에 복종한다. 이런 예속에 대한 수락은 소외이자 비인간화다. 그러나 노동이라는 가치로 우리 사회에서 생산할 수 있는 것을 섬이라는 장소에 옮겼지만, 그것은 노동 자체보다 노동의 조직화와 훨씬 더 관련이 있다. 이런 조직화는 곳곳에서 등장한다. 각자는 잘 정의된 자신의 역할을 갖고 있다. 교도관들은 서로 다른 계급상의 위치를 차지하고 있다. 벨 소리는 활동에 리듬을 부여하고, 시계 속의 카운트다운은 박자를 부여하면서 살아남기 위해서는 더 강해져야 한다고 느낄 수밖에 없는 스트레스를 준다. 이런 조건에서 노동은 어떻게 모든 개인을 해방시킬 수 있을까?

마르크스는 탄압으로부터 혁명이 발발할 수 있다고 생각했다. 그러나 이런 조건들은 필연적으로 활동의 일정한 조직화를 전제로 하는 동의를 낳을 수 있을 뿐이다. 노동의 필요성이 존재하는 것은 사실이다. 따라서 무엇보다도 노동이 가동된 방식, 노동자와 노동 사이의 관계에서 출발해 분석하는 것이 중요하다. 게임 참가자들은 개체성 차원에서 아무런 존재도 아니다. 그들은 관객을 만족시키기 위해 그 자리에 있을 따름이며, 모든 것은 그들이 맺을 수 있는 관계를 파괴하기 위해 만들어져 있다. 활동 자체는 중요하지 않고, 개인들이 지닐 수 있는 개별적인 경쟁력은 더 이상 고려의 대상이 되지 않는다. '거울 놀이' 속의 17번 참가자에게는 경쟁력이 있다. 유리 공장에서 일했기에 그는 인간의 몸무게를 지탱할 수 있는 유리의 품질을 가려낼 줄 안다. 그러나 이런 경쟁력도 시간이 흘러가니 최대한 빨리 움직이라는 요구 앞에서는 유명무실해지고 만다. 개인은 자신이 행하는 것과 더 이상 관계를 갖지 않으며, 모든 관심은 살아남는 행위에 집중되고 있다. 유용하다는 점을 보여주지 않는다면 그는 아무런 존재가 아니다. 상우는 17번 참가자를 밀어뜨리고 만다. 급한 상황에서 당장 중요한 것은 결과이기 때문이다. 탄압적이고 소외를 조장하는 노동의 이런 차원은 철학자 시몬 베유Simone Weil(1909~1943)가 산업사회에서 자신이 직접 체험한 노동에서 출발해 끊임없이 분석한 대상이기도 하다.

노동의 철학자 시몬 베유

베유는 1909년 파리에서 출생했고, 1943년 영국 애쉬퍼드Ashford에서 사망했다. 그의 생애를 점철한 주요 특징 중 하나는 불행한 사람들에 대한 연민이었다. 5세 전후한 나이에 제1차 세계대전에 참전했던 병사들의 불행을 목격한 그녀는 단 한 줌의 설탕 조각도 먹기를 거부한다. 전선에서 고통받는 이들에게 보내기 위해서였다.

그녀는 철학 수업을 들었고, 교수 자격시험에 통과한 후 르 퓌앙블레Le Puy-en-Velay에서 교사가 되지만, 그곳에서 노동조건에 항의하는 노동자들의 파업에 동참한다. 그녀는 개인적인 연구를 위해 1년의 연구 년을 얻어낸 다음 1934년 9월부터 교사 직업을 잠정적으로 포기하고, 평생 노동자의 조건을 갖기로 결심하며 단순히 체험하기 위해서가 아니라 완전한 육화肉化를 목표로 한다. 인간의 불행을 완벽하게 인식해보기 위해서였다. 그녀는 현대 기술, 대량생산과 자유 사이의 관계에 대해 고찰하려고 힘썼다. 그해 12월 4일부터 그녀는 파리 제15구에 소재한 알스톰Alsthom 공장에서 압연기 노동자로 일했다. 그런 다음 불로뉴비양쿠르Boulogne-Billancourt 소재 르노자동차 공장에서 프레이즈fraise반盤 노동자로 1935년 8월까지 일했다. 베유는 배고픔, 피로, 퇴짜, 미친 듯 속도를 강요하는 프레이즈반에서의 노동 탄압, 실업에 대한 고민, 해고를 체험한다. 그녀는 건강 악화로 공장에서 더 이상 일할 수 없게 된다. 1935년 가을 부르주Bourges 소재 고등학교에서 철학 교사 자리를 다시 얻어 교사로 돌아갔으며, 수입 대부분을 가난한 사람들을 위해 썼다. 1936년의 파업에 가담했고, 국가들 사이의 강력한 평화주의를 열

오징어 게임의 철학

정적으로 지지했다. 1936년 8월에는 자신이 견지했던 평화주의 입장에도 불구하고 스페인 내전에 뛰어들기로 결심한다.

1940년 6월 13일, 독일의 침공이 있은 다음에는 가족과 함께 마르세유로 피신해 그곳에서 레지스탕스^{résistance}에 참여했다. 1942년 5월에 부모와 함께 미국행 배에 오르나, 전쟁 와중에 너무나 평온하게 느껴지는 뉴욕에 최종적으로 정착하기를 거부했다. 영국을 방문하기 위해 모든 노력을 기울인 끝에 1942년 11월 말에 영국에 도착하는 데 성공한다. 영국에서는 자유프랑스군^{France libre} 소속 부처에서 편집인으로 일하면서 프랑스의 도덕적 상황에 대한 보고서를 작성하는 책임을 맡았다. 레지스탕스에 합류하기 위해 프랑스로 돌아가기를 요청하지만, 드골 측근으로부터 거부당하자 조직을 떠난다. 그녀의 건강은 점점 악화해, 결핵으로 판명된 후에는 런던병원에 입원했다가 1943년 8월 애쉬퍼드결핵요양소로 보내진다. 1943년 8월 24일, 그녀는 34세 나이에 그곳에서 숨을 거뒀다.

우리는 노동과 그 가치에 대해 일반적인 말을 늘어놓을 수도 있다. 그러나 노동의 의미와 효과를 파악하려면 노동을 내부에서 생각해보는 것이 필요하다. 노동에 대한 어떤 개념이 우리 현대사회를 조직한다고 말하는 것은 노동이 삶과 모종의 관계를 맺고 있다고 보는 사고방식이다. 분석해봐야 할 대상은 노동의 조직화 자체이기도

하다. 「오징어 게임」 참가자들이 만나는 게임이나 교도관들의 임무
는 기업의 관리 방식인 특유의 비인간성에서 찾을 수 있다. 소외를
낳는 것은 노동 그 자체가 아니다. 노동의 조직화가 끊임없이 박자
로 부추기며, 수익성에 대한 근심을 부과한다. 찰리 채플린Charlie
Chaplin(1889~1977)은 자신의 영화 「모던 타임스Modern Times」를 통해 다
음 사실을 멋들어지게 보여준다. 개인은 자신을 완전히 박탈당하고
자기를 에워싸고 있는 것들에 대해 통제력을 상실할 정도로 기계가
부과하는 속도를 체험한다. 기계가 인간을 통제하는 것이다. 베유는
'뿌리 뽑힘[déracinement]'에 대해 이야기한 바 있다. 공장에서의
노동자 생활에 대해 언급하면서 베유는 다음과 같이 말한다. "자기
나라에서조차 공장은 노동자를 외국인, 망명자, 뿌리 뽑힌 자들로
만들어버린다." 섬에 있는 「오징어 게임」 참가자들도 마찬가지다.

　베유는 리듬과 박자를 구분한다. 박자가 외부로부터 강요된 것
이라면 리듬은 사람들이 자기 자신에게 부여하는 것이다. 노동의 산
업적 조직화 속에서는 사유하고 행하는 일과 노동의 결과물에 주의
를 기울일 리듬이 더 이상 존재하지 않는다. 시간은 끊임없이 측정
된다. 「오징어 게임」 시리즈 속의 게임들에서는 공장의 벨 소리, 시간
의 카운트다운이 매번 등장한다. 그러나 이윤에 대한 절대명령은 오
직 산업에서만 발견되는 것은 아니다. 그것은 많은 작업 속에서도
찾아볼 수 있다. "더 이상 간호할 수 없어요."라는 말을 의사들, 간호

사들, 간호조무사들에게서 들을 수 있다. 요양원[EPHAD]에 근무
하면서 거동이 불편한 노인들을 돌보는 사람들이 손에 들고 있던
시계가 정확히 8분이 남았을 때 하는 말이다. 아마존에서 일하는
근로자들[52]도 그런 식으로 시간을 측정 당한다. 스캐너 총을 장착
한 채 그들은 주문받은 물건들 사냥에 나선다. 자그마한 캐리어를
밀면서 그들은 소포를 꾸리기 위해 거대한 창고 통로 곳곳을 누비
고 다닌다. 각 봉급생활자는 최소한의 시간 안에 최대한의 물건을
수거해야 한다. 공식적으로 제재는 없다. 그러나 최저생활비보다 시
간당 30센트를 더 벌기 위해서는 제시간에 맞추는 것이 절대적으로
권장된다. 목표에 도달하지 못한 사람들에게는 '업무'가 중단된다. 아
마존은 노동 규모로 보면 손쉬운 목표를 대상으로 삼지만, 회사가
내거는 것은 현재 재화의 교환과 판매 방식에 있어 물류가 차지하
는 위치에 따라 확대되는 노동의 새로운 조직화다. 프랑스에서는 물
류 플랫폼에서 일하는 노동자들, 배달원, 운송업자, 항구나 공항 등
에서 일하는 사람들 숫자는 150만 명에 달한다.

　「오징어 게임」 시리즈에서 우리는 측정된 시간이 강요되는 모습
을 목격한다. 그와 정반대로 시리즈 속의 부자들은 시간을 보내기

52　150만 명 이상의 근로자를 거느리고 있는 아마존(Amazon)은 전 세계를 통틀
　　어 100만 명 이상을 고용하고 있는 두 번째 미국 기업이다.

위해 무엇을 고안해낼지도 더 이상 모른다. 시간은 이제 그 두께를 느끼며 체험한 시간이 아니라 부과된 시간이다. 우리가 사유하는 데 필요하거나, 혹은 사물들이나 우리가 하는 행위, 환경, 자기만의 리듬에 주의를 기울이는 데 필요한 질적인 시간이 아니다. 단지 모든 것을 조직하는 양적인 시간일 따름이다. 측정된 시간, 박자를 맞춘 시간은 체험한 시간의 현실을 망각한다. 실제로 체험한 삶은 강요된 박자가 아니다. 가령 침묵으로 축소된 노동의 조직화가 우리에게 부과하는 비인간적인 삶이 그렇다. 그것은 삶이 아니다. 이런 의미에서 오직 성공으로 우리를 향하게 하는 부과된 시간은 우리가 실제로 체험한 고통을 잊어버리도록 한다. 사유할 시간, 세상에 주의를 기울일 시간, 타자에게 관심을 둘 시간이 더 이상 없다. 부과된 시간은 탄압에 지나지 않는다.

철학자 발터 베냐민Walter Benjamin(1892~1940)은 1830년 혁명이 발발했을 때 다음 사실을 주목했다. "전투가 벌어진 첫날 저녁, 파리의 여러 장소에서, 서로 무관하지만 같은 시각에, 사람들은 벽시계에 총을 쏘아댔다."[53] 시계들, 공허한 시간을 파괴하는 일은 탄압에 대항한 자유의 행위였다.

....

53　발터 베냐민(BENJAMIN Walter), 『역사의 개념에 대하여(Thèses sur le concept d'histoire)』[원제는 Über den Begriff der Geschichte], 1942.

오징어 게임의 철학

베르그송: 시간과 지속

  '지속[durée]'이라 명명되면서 실제로 체험한 시간을 의미하는 질적인 시간[temps qualitatif]과 단위로 분리되어 측정된 시간을 지칭하는 양적인 시간[temps quantitatif]을 구분한 인물은 프랑스 철학자 앙리 베르그송Henri Bergson(1859~1941)이다. 우리가 시간에 대해 말하거나 시간을 지칭할 때 우리는 그 시간을 년年, 시간時間, 분分 등으로 분할하고 그것을 계량화한다. 우리는 그 시간을 공간 속에서 재현하며, 선 위의 점들처럼 순간들의 연속으로 생각한다. 그러나 실제 시간, 실제로 체험한 시간은 서로 분리된 순간들의 연속이 아니다. 게다가 순간이란 존재하지 않으며 허구에 불과하다. 시간이 멈추는 법이 없기 때문이다. 베르그송이 지속이라 명명한 실제 시간은 지속되며 분리될 수 없다.

발터 베냐민: 진보 이데올로기에 맞서며

  철학자, 역사가이자 예술 비평가인 베냐민은 1892년 유대교를 신봉하는 부모로부터 독일에서 태어났다. 독일에서 나치즘이 대두하자 그는 독일 점령하 프랑스로 도피했다가, 프랑스를 빠져나가던 중 1940년 포르부Portbou에서 숨을 거둔다. 그의 마지막 저작인 『역사의 개념에 대하여Über den Begriff der Geschichte』[54]는 진보 이데올로기를 재앙의 표식으로 분석한다. 희생자를 저버리는 지속적인 재앙이다. 그는 공허하고도 지속적인 시간에 대한 이런 개념과 관계를 끊고, 체험한 고통의 현실로 되돌아올 필요성을 역설했다.

유일한 관계는 주어진 질서와 받아들인 질서다. 사람들은 아주 효율적인 방식으로 활동을 합리화하면서 질보다 양을 앞세우고, 그러면서 모든 저항을 잠재우는 데 성공한다. 사유와 교환을 가능하게 해줄 시간을 제거하면서 예속을 통해 모종의 합의를 끌어내는 것이다. 한 게임 참가자는 그 사실을 분명하게 말한다. "신뢰할 만해서 그들을 믿는 것이 아니라 다른 선택의 여지가 없어서 그들을 믿는다." 모든 인간관계의 파국이다.

베유는 관계가 인간들 사이에 더 이상 있지 않고 사물들 사이에 있다고 강조한다. 각자는 성공이라는 급선무에 내몰린 임무에 몰두하며, 제3회 '우산을 쓴 남자'의 '케이크를 자르는 놀이'에서처럼

....

54   위의 책.

개인들 사이에는 침묵이 지배한다. 사람들은 덜 사유하는 방식을 받아들이고 모욕을 감내한다. 그 모두를 가능하게 만드는 것은 머리 위에 매달린 지폐로 가득 찬 저금통처럼 항상 더 많은 것을 원하는 착란적인 정서, 인간관계의 중심을 차지하는 돈에 대한 강박관념이다. 일부 사람들에게는 생존의 조건이고, 또 다른 사람들에게는 한계 없는 욕망의 발현이다.

그러나 노동자의 수치심을 보상해야 한다. 그것을 위해 사람들은 노동자가 선택하지 않은 행동에 동기를 부여한다. 봉급, 작은 선물, 노동자에게 소속감을 더욱 느끼게 할 기업 로고가 들어간 머그잔 등이 그런 것들이다. 내부 소통을 훨씬 더 강조하는 아마존 같은 기업은 '열심히 일하고, 재미를 느끼며, 이야기를 만들어라[work hard, have fun, make history]'라는 슬로건을 내건다. 이 회사는 창고에서 놀이 활동을 개최하고, 핼러윈이나 크리스마스를 즐기는 파티를 연다……

소속감, 즉 '동업자[corporate]' 정신을 만들어내면서 사람들은 노동자를 '협력자[collaborateur]'로 만든다. 자신을 초월해 공동 프로젝트에 통합됐기에 예속이란 없다고 생각하게 만드는 것이다. 효율적인 성공이다. 「오징어 게임」 시리즈에 참가한 모든 사람은 위대한 모험의 구성원들이다. 이런 접근 방식이 유혹적[그 방식은 설정한 목표에 도달하기 위해서라도 유혹적일 수밖에 없다.]이라 해도 그것은 지배 논리라는 특징을 띤다. 노동을 하는 사람들은 그 논리 속에서 목적에 대해서는 전혀 질문을 던지지 않는 대신 오직 수단에 대해서, 추구하는 목적의 가치와 의미에 대한 숙고 없이 가장 효율적인 방식에 대해서만 질문을 던진다. 개인은 오직 수단들에 대한 이런 질문 안에서 자신의 자유를 행사한다. 하지만 그건 헛된 자유다. 결국 그것은 오직 복종할 자유만이기 때문이다.[55]

배유의 분석이 주로 거대 산업에 종사하는 노동자의 고통에 집중됐지만, 그런 분석은, 비록 경제 조건이 같지 않지만, 일부 매니지먼트 이론들에서도 찾아볼 수 있는 분석으로 훨씬 더 일반적인 노동 조직까지 확장될 수 있다. 사회 여러 분야에서 목격되는 노동의 고통, 번아웃 숫자가 그것을 입증한다. 상우는 '오징어 게임' 놀이에서 실패한다. 외부 세계에서의 그의 삶은 연속된 작업 노동자의 삶이 아니었다. 1950년대 이후 발전을 이룩했고 여러 다양한 분야에 적용될 수 있었던 일부 매니지먼트 방식들은 이런 동의를 만들어내는 것과 무관하지 않다. 계급 차이가 준다고 믿게 만들면서 그 동의는 지배와 탄압 논리를 영속화한다.

나치즘부터 오늘날에 이르는 매니지먼트에 대한 분석을 통해

---

55 요한 샤푸토(CHAPOUTOT Johann), 『복종할 자유. 매니지먼트, 나치즘부터 오늘날까지(Libres d'obéir. Le management, du nazisme à aujourd'hui)』, 2020.

역사가 요한 샤푸토Johann Chapoutot는 나치즘의 관리 방식과 제2차 세계대전 이후 기업들이 개발한 일부 매니지먼트 모델 사이에 연속성이 있을 수 있다는 점을 보여준다. 나치즘은 효율성과 인종 공동체의 이름으로 아주 잘 설정된 목표에서부터 출발한 계급화된 노동조직을 구상했다. 전후의 매니지먼트 방식은 똑같은 개인들을 우두머리로 두면서 목표를 둔 정책을 통한 인적 자원 관리, 책임의 위임에 이런 원칙들을 다시 채택한다. 그들은 오직 복종케 하는 자들, "관리된" 자유만을 누리는 자들에게 추가적인 힘을 실어준다. "기껏해야 그들은 자신이 직접 결정하지 않은 일을 수행하면서 성공할 자유를 누린다."[56] 이번에도 사유의 패배, 노동의 합리적인 조직을 통한 새로운 동의의 제조가 문제다.

게임이라는 간접적인 수단을 통해 「오징어 게임」이 우리에게 묘사하고 있는 바는 내부에서 바라본 노동의 현실이다. 수용소 이미지를 통해 극단적인 형태로 우리에게 그려진다. 베유는 공장에서 직접 체험한 노동을 통해 다음과 같이 선언한다. "나는 경험을 통해 두 가지 교훈을 끌어낼 수 있었다. 첫 번째 교훈은 가장 쓰라리고도 예기치 않았던 것인데, 탄압이 일정한 강도에서 출발하여 반항에 대한 성향을 낳는 것이 아니라 가장 완벽한 예속에 대한, 거의 저항

---

56   위의 책.

불가능한 성향을 낳는다는 사실이다."[57]

　　노동의 이런 새로운 조직화는 오늘날 더 많은 통제 정책을 동반하고 있다. 물류 분야에서 노동은 음성 리모콘, PDA[personal digital assistants, 작은 디지털 태블릿], 스캐너 혹은 스캐너가 들어가 있는 띠를 통해 이루어진다. 그것들은 노동의 강화, 자율성 상실, 임무의 개인화 등과 같은 결과를 낳는다. 통제는 임무에만 국한되는 것이 아니라 분위기, 개인들 사이의 관계에까지 영향력을 행사한다. 최근에 우리는 노조의 활성화를 방해하기 위해 미국 대기업들이 기울인 노력이 각자가 뛰어든 공동의 모험 정신, 팀 정신을 결딴내는 모습[58]을 목격한 바 있다. 예를 들어 미국에서는 신자유주의 정치인들이 바로 노조들을 파괴하려고 애쓰고 있다. 노조가 경제 발전을 방해하고, 1970년대 경제 위기의 장본인으로 간주하기 때문이다.

　　「오징어 게임」 시리즈에서 죽음을 내건 광경에 VIP들이 아주 즐

57　시몬 베유(WEIL Simone), 『노동 조건(*La Condition ouvrière*)』, 1951.
58　2021년 11월 9일 아마존(Amazon)은 CGT Amazon France 사무총장을 대상으로 한 노조 탄압과 도덕적인 공격 죄목 재판에서 디종고등법원으로부터 유죄를 선고받았다.

　　　　　　　　　　　　　　　　　　　오징어 게임의 철학

거워하는 반응은 그들의 관심이 경쟁보다는 순전히 개인적인 반응에 치우쳐져 있다는 사실을 보여준다. 흥미를 끌고 게임에 영양분을 공급하는 것은 게임 참가자들의 심리적 행동이다. 우리도 「오징어 게임」 시리즈를 보면서 게임 참가자 각자의 반응을 기다린다. 현대 매니지먼트에서는 심리적 차원을 중시하는 방식이 점점 더 지배적인 방식으로 돼가고 있다. 사회학자 다니엘 리나르Danièle Linhart는 행동들을 개별화하면서 "먼저 개별화[individualisation]를 중심으로, 다음으로 자신의 노동에 대한 각자의 관계를 인격화[personnalisation]하고, 또 그런 다음에는 심리학화[psychologisation]한 모델을 가동하게" 만든 최근의 변화를 분석한다. 각자의 가장 깊숙한 곳까지, 가장 내밀하고, 가장 감동적이며, 가장 정다운 동인動因들을 찾으러 갔던 것이다.[59]

단죄의 대상이 되는 것은 노동이 아니라 수치심으로 채워진 자발적인 예속을 조성하는 노동의 조직화다. 베유 같은 철학자의 눈에 수치심은 얼마 지나지 않아 세계가 목격하게 될 전체주의의 부식토로 보인다. 21세기에 우리 사이를 배회하는 것은 전체주의의 유령이

....

[59]   다니엘 리나르(LINHART Danièle), 『봉급생활자들의 참을 수 없는 종속 (*L'Insoutenable subordination des salariés*)』, 2021.

아니다. 모종의 포퓰리즘과 우리가 역설적으로 '반자유주의적 민주주의[démocraties illibérales]'라고 명명한 것의 발호를 통해 발전한 새로운 형태의 체제다. '반자유주의적 민주주의'는 권리의 불평등을 무기로, 무엇보다도 수치심에 근거해 도약한다.

오징어 게임의 철학

3. 존엄성과 인정

아우슈비츠수용소 입구에는 '노동이 너희를 자유롭게 하리라' 라는 문구가, 부헨발트수용소 입구 쪽 대문에는 '자업자득', 즉 '각자가 재능을 지니고 있다'라는 문구가 걸려 있다. 「오징어 게임」이 벌어지는 섬에서는 게임이 각자를 자유롭게 만들며, 각자는 재능을 보유하고 있다. 탈락한 참가자들은 아무것도 아닌 사람들이며, 이길 수 있는 마지막 기회를 부여받았던 패자들이다. 그들은 노동자들의 사회가 만들어낸 산물이다. 그러나 우리가 노동 없이 지낼 수 있다고 믿는 것은 허황한 생각일 것이다. 우리가 필요를 만족하게 해야 할 뿐 아니라 노동이 우리를 외부 현실과의 관계로 들어가게 하기 때문이다. 그러나 「오징어 게임」이 드러내 보여주는 노동 조직화의 일탈은 무한 성장과 생산성에 관한 생각이 생존의 유일한 조건으로 부과하는 수치심과 탄압의 논리 밖에서 우리가 그러한 조직화에 대해 다시 질문해보도록 만든다.

왜냐하면 우리가 끊임없이 목격하고 있듯 수치심은 곳곳에 존재하며, '재능만을 가진' 사람을 덮치고, 탄압을 수락할 수밖에 없는 자에게 자리를 잡고, 개인들 사이의 관계에 영향을 끼치기까지 한다. 각자는 456억 원을 따내기 위해 목숨을 내걸 준비가 돼 있다. 그리고 마지막에 기훈은 게임을 하지 않는다. 불공정은 단지 자원의 문제에 불과한 것이 아니다. 정의는 오로지 재화와 이익의 재분배라는 논리 속에서만 발생하지는 않는다. 불공정은 인정, 개인들이 느끼는 주관적인 고통의 거부와도 관련이 있다. 단지 타인들보다 덜 '가지는' 문제가 아닐 뿐만 아니라 타인들에 의해 동등한 존재로 인정받지 못하는 것과 관련이 있는 문제다. 그것은 무엇보다도 노동의 조직화에도 일련의 책임이 있는 수치심의 원인, 확장된 의미로는 모든 형태의 차별과 맞서 싸우는 일을 전제로 한다. 수치심의 동인을 바탕으로 게임을 한다는 것은 극도로 위험하다. 「오징어 게임」 세계가 잘 보여주듯이 죽음에 이르는 투쟁으로 이어지기 때문이다. 노동자들의 사회가 생산한 부식토 위에서 잃어버린 영광에 대한 노스텔지어 담론이 발전한다. 그 담론은 국가가 '다시 위대해지기[great again]'를 원한다.

독일 철학자 게오르크 빌헬름 프리드리히 헤겔Georg Wilhelm Friedrich Hegel(1770~1831)은 모든 인간 존재에 인정이 갖는 중요한 역할을 역설한다.

오징어 게임의 철학

인정의 사상가 헤겔

독일 철학자 헤겔은 『정신 현상학*Phänomenologie des Geistes*』에서 인정에 대해 중요한 분석을 시도했다. 그는 모든 의식이 계발되기 위해서는 인정을 시험해야 한다는 점을 보여줬다. 존재한다는 것은 의식으로 인정받기를 원한다는 말이다. 진정으로 인정받는 유일한 수단은 내가 타인과 맺고 있는 관계를 시험해보는 것이다. 영화 「이유 없는 반항*Rebel without a cause*」 속에서처럼, 두 대의 자동차가 낭떠러지까지 질주한다. 각자는 어디까지 갈 준비가 돼 있을까? 만약 아무도 양보하지 않으면 죽음은 모두에게 닥칠 것이며, 인정은 실패로 돌아간다. 바로 그런 이유로 투쟁은 상대방의 자제를 요구한다. 양보하는 자는 자신을 잃지 않기로 결심하며, 자신을 지키는 [conserve] 구성원이 된다. '노예[esclave]'라는 단어는 라틴어 '세르부스*servus*'로부터 비롯된 용어다. 노예와 주인이 있는데, 주인은 죽기를 두려워하지 않는 자다. 그러나 역사는 거기서 그치지 않는다. 주인으로 남기 위해서는 주인이 노예의 존재를 인정해야만 한다. 노예가 없다면 주인은 아무것도 아니다. 노예가 주인이 되기 위해 한사코 애쓰지 않았기 때문에, 그는 타자에게 자신을 뛰어넘어 주인이 될 가능성을 제공했다.

헤겔의 교훈은 다음과 같다. 인정은 자발적이고 강제적이지 않으며 상호 관계에 근거를 둔다. 개인적 자유에 대한 각자의 의식을 통해서다.

헤겔은 상호 관계에 근거를 두지 않은, 단절되고 우회적인 모든 인정이 실패로 돌아간 이야기를 전해준다. 그러나 이런 실패는 많은 가르침을 준다. 다른 자아 속에서 자기 자신에 대해 긍정적으로 확신하는 최종 단계까지 주역主役들을 점진적으로 데리고 간다는 점이다. 마지막 단계에서 주역들 각자는 "자유로운 타자 안에서 인정받을 줄 알고, 자신이 타자를 인정하는 정도에 따라 그렇다는 사실을 알며, 그가 자유롭다는 사실을 안다."

하지만 인정은 다양한 층위에서 행사될 수 있다. 현대 독일 철학자인 악셀 호네트Axel Honneth(1949~)는 인정의 세 가지 영역을 구분했다.[60] 사랑의 인정, 법률적 인정, 가치 공동체의 인정, 세 가지다.

사랑의 인정

인정의 첫 경험은 우리가 가장 가까운 주변 사람들과 아주 일

---

60   악셀 호네트(HONNETH Axel), 『인정을 위한 투쟁(*La Lutte pour la reconnaissance*)』
      [원제는 *Kampf um Anerkennung*], 1992.

찍 맺는 정서적인 관계에서 이루어진다. 첫 번째 단계는 갓난아이와 보호자 사이에서 체험하는 공생 단계이며, 그 관계 안에서 의존과 자율 사이의 균형이 서서히 구축된다. 두 번째 단계는 의존과 자율 사이의 약한 균형에서 비롯된다. 그 덕분에 아이는 보호자가 자기에게 제공하는 정서적 지지를 강하게 느끼면서 점진적으로 '홀로 설 수 있는 능력'을 획득하게 된다. 인정에 대한 사랑의 체험은 보호자와 갓난아이 사이의 관계에만 국한되지 않으며, 주체가 살아가는 내내 맺게 될 우정을 동반한 애정 관계까지 확장된다. 그들이 가까운 사람들과 맺는 '사랑의' 관계 덕분에 개인들은 그들 자신에 대한 상호주관성적인 확인을 찾아낸다. '자아에 대한 신뢰' 감정을 통해 표현되는 것이 바로 그것이다. 그러나 사랑의 인정에서 기본적인 형태는 '의미 있는 타자들'이라는 제한된 숫자에만 연관된다.

법률적 인정

법률적 인정은 좀 더 넓은 상호작용의 네트워크 속에서 나타난다. 개인은 내밀함의 영역에서 일종의 정서적인 안도감을 맛보지만, 법의 영역에서는 자신들의 행동에 근거한 평가를 제기하는 합리적인 경쟁력이 인정되는 모습을 본다. 법의 자격을 가진 인간들의 인정은 자아 존중의 형성에 기여한다. 각자가 공적 사건들에 대해 발

언할 동등한 자격을 지니는 법률 공동체에서 찾아볼 수 있는 모습
이다. 개인이 권리와 의무의 주체로 인정되기 때문에, 그는 자신의
행위들을 모두가 존중하는 자기만의 자율성 표시로 이해할 수 있다.

가치 공동체의 인정

이런 인정은 개인들에게 자신의 특별한 자질, 구체적인 능력과
적극적으로 관계를 맺도록 만들어준다. 이런 영역에 고유한 사회적
평판은 자아에 대한 존중의 획득에 필수적이다. 모든 사회에서 개인
은 그 어떤 기능을 담당하고 그에 대한 모종의 '급부給付'가 제공된
다. 이런 것들이 인정받지 못할 때 연대는 더 이상 존재할 수 없으
며, 개인의 유용성은 확인되지 않거나 부정된다. 그럴 때 자아에 대
한 존중은 단번에 상실된다.

노동의 조직화를 통해 생산되는 수치심은 서로 밀접하게 연결
된 이런 인정 영역들을 부정한다. 자아에 대한 존중의 상실은 자아
에 대한 존경심의 상실로 이어지며, 그때 각자는 자기의 몸을 팔
준비가 된다. 자아에 대한 확신이 순서상 가장 먼저 온다면, 그러한
확신은 자아에 대한 존중을 문제 삼을 때 쉽게 파괴될 수 있다. 직
업을 잃어버리면서 가정의 파괴를 목격했던 기훈은 그것을 뼈아프

게 체험한 바 있다. 각 게임 참가자는 예속 규칙들을 마지못해 받아들이면서 자아에 대한 존경심의 상실을 체험한 인물들이다. 그러나 무엇보다도 사회가 조직한 것은 모든 형태의 자아에 대한 존중의 부정이다.

그런 이유로 존엄성을 되찾기 위해서는 노동의 조직화에 대해 다시 생각해보는 것이 매우 필요하다. 그러나 존엄성은 자아에 대한 존경심, 다시 말해 동등한 존엄성을 수반할 때만 의미를 지닐 수 있다. 선호도에 따른 방향에 좌우되지 않고, 공동의 선이 개인적 이익의 총합이나 선호도로 생각되지 않는 사회에서나 가능한 일이다. 자신의 저서 『능력의 폭정The Tyranny of Merit』[61]에서 인정 문제를 다룬 마이클 샌델Michael J. Sandel(1953~)은 공동의 선을 생각하는 두 가지 접근 방식을 구분한다. 소비자를 통한 접근 방식과 생산자를 통한 접근 방식이다. 소비자를 통한 접근 방식은 보수를 주고 노동을 인정한다. 따라서 소비자들이 느끼는 만족감에 따라 가장 큰 가치를 노동에 부여한다. 반면 생산자를 통한 접근 방식은 우리가 선호하는 가치에 대한 논의를 전제로 하며, "우리의 가장 중요한 사회적 역할이 소비자의 역할이 아니라 생산자의 역할"[62]이라고 생각한다. 우

---

61   마이클 샌델(SANDEL Michael J.), 『능력의 폭정(La Tyrannie du mérite)』[원제는 The Tyranny of Merit], 2021.

62   위의 책.

리는 코로나가 창궐할 때 기본적인 활동들을 지정한 사실에서 그 문제에 대해 생각해볼 수 있었다. 그것은 마틴 루서 킹Martin Luther King(1929~1968)이 암살되기 직전에 했던 발언을 떠올리게 한다. "언젠 가 우리 사회가 살아남는다면 도로 청소부들을 존경하게 될 것이 다. 우리들의 쓰레기를 모으는 사람은 결국 의사만큼이나 중요하다. 그가 자기의 일을 하지 않으면, 환자들이 급증할 것이기 때문이다. 모든 직업은 존엄하다."[63]

그러나 이런 논의는 생산 본위의 성장 논리 속에서 생산자 역 할을 부정하는 노동의 조직화와 양립 불가능하다. 그렇기에 가치가 아니라는 연유로 거부하거나 단죄할 대상은 노동이 아니라, 노동이 우리 사회를 구조화하는 방식이다. 노동의 미덕은 우리가 타자들 및 세상과 관계를 맺게 해준다는 점이다. 우리는 죽음도, 노동도 피할 수 없다. 그러나 그것들이 낳는 폭력은 피할 수 있다. 「오징어 게임」 속에서 참을 수 없는 것은 죽음이 아니라 죽음이 엄습하는 방식이 다. 마찬가지로 필요를 충족시켜야 한다는 점이 개인에 대한 탄압과 예속을 정당화해주지 않는다. 베유는 자신의 마지막 미완성 작품을

---

63   마틴 루서 킹(LUTHER KING Martin), 멤피스(Memphis), 1968. 3. 18., 마이클 샌델 이 인용.

다음 글로 마무리하고 있다. "죽음과 노동은 필요와 관련된 것들이지 선택과 관련된 것이 아니다. 인간이 노동을 통해 세계에 자기의 몸을 맡길 때만 세계는 음식과 열기를 통해 인간에게 자기 몸을 맡긴다. 그러나 죽음과 노동은 반항이나 동의를 거칠 수 있고, 벌거벗은 진실 혹은 거짓말로 포장한 진실을 거칠 수 있다."[64]

노동이 가치라는 점을 주문처럼 반복하는 대신 우리가 어떤 노동, 어떤 조직화에 대해 말하고 있는지 성찰해볼 수단을 자신에게 제공하는 것이 필요할 것이다. 인정이 천장에 매달려 있는 저금통으로 요약될 수 없기 때문이다.

---

64 시몬 베유(WEIL Simone), 『뿌리내림(*L'Enracinement*)』, 1949.

결론

돈은
토템일까
터부일까?

　「오징어 게임」의 등장인물들은 항상 선택을 강요받는다. 그러나 선택이 무엇을 할 수 있을까? 그 어떤 선택도 좋지 않다. 사람들은 이런저런 게임 참가자 대신에 무엇을 할 수 있을까 끊임없이 자문해본다. 내가 희생자일까, 사형집행인일까? 돈을 벌기 위해 내가 다른 사람을 희생시킬 준비가 돼 있을까? 그러나 타인의 입장이라면 어떻게 행동했을까 자문해보는 방식이 항상 유혹적이지만, 그것이 별 의미를 지니지 못한다는 사실은 명백하다. 우리가 타자의 위치에 제대로 서본 적이 결코 없기 때문이다. 하지만 우리가 진지하게 생각해보면 그 질문이 무미건조한 것은 아니다. 그것은 우리가 그 무엇에 대해서도 전적으로 확신하지 못한다는 우리의 불안을 입증해준다. 그때 우리의 가능성 문제, 책임 문제, 우리의 허약함에서 기인하는 위험 문제가 제기된다. 우리는 그러한 것들이 우리가 허약한 원인의 일부분일 수도 있다는 점을 알고 있다. 그를 통해 우리는 우리

　　　　　　　　　　　　오징어 게임의 철학

자유의 차원을 실험하고, 우리가 우리의 최악의 행동을 정당화하려고 애쓸 때조차 그 어떤 것도 강요되지 않았다는 사실을 체험한다. 바로 이런 의미에서 칸트는 과격한 해악[mal radical][65]에 대해 말했다. 이 표현은 '절대 악'을 의미하지 않는 대신, 일차적인 의미에서 악의 뿌리에 대해 질문한다. 악은 우리의 자유 속에 뿌리박고 있다. 우리가 나쁘게 행동하는 방식은 어디서 비롯될까? 우리가 자유롭기 때문이다. 그러나 타인들과 이 자유가 효과적으로 체험되기 위해서는 조건들이 따른다.

그런 이유로, 비록 「오징어 게임」이 어쩔 수 없는 선택의 세계라 해도 일부 사람들이 다른 사람들보다 더 낫고, 우리가 개인들을 그들의 책임으로부터 아주 쉽게 그리고 전적으로 면제할 수 없다는 점도 명백하다. 우리는 그에 대한 직관을 보유하고 있으며, 비열한 인간과 도덕적인 감각을 더 보유한 것처럼 보이는 인간을 즉시 구별해낸다. 그렇지만 우리 눈에 다른 사람들보다 더 뛰어나 보이는 자조차도 도덕적으로 비난받거나 문제가 있는 결정들을 피해 가지 못한다. 우리는 어떻게 삶의 가치문제가 그 어떤 결정도 좋다고 생각될 수 없는 처지에 우리를 맞닥뜨리게 하는지 살펴볼 수 있었다. 도

----

[65]　이마누엘 칸트(KANT Immanuel), 『이성의 한계 내에서의 종교(*La Religion dans les limites de la simple raison*)』[원제는 *Die Religion innerhalb der Grenzen der blossen Vernunft*], 1793.

덕과 윤리 사이에 차이를 둔다는 것은 도덕적인 진실이 없다는 점을 확인시켜준다. 좋은 대답이 있다고 그 누구도 주장할 수 없다. 나쁜 대답들이 존재하고, 다른 대답들보다 더 나쁜 대답들이 존재한다. 역으로 더 좋은 대답들도 존재하고, 다른 대답들보다 더 좋은 대답들도 존재한다. 그러나 논의의 대상이 될 수 없거나 절대적으로 좋은 것으로 제시되는 훌륭한 결정이란 없다.

우리가 몸을 담고 있는 이 세상에서 진짜 죄인은 돈인 것 같다. 각자가 경배하는 토템처럼 이 거대한 타락의 존재는 뛰어넘을 수 없는 속박을 강요하듯이 광장 한가운데서 군림하고 있다. 돈에 대해 도덕적으로 비판하고 싶은 유혹은 크다. 그리고 이런 비판은 즉시 우리를 유혹할 것이다. 세계가 비인간화된 이유는 모든 것이 상품화 영역으로 들어갔기 때문이다. 돈은 모든 것을 부패시킨다. 그것이 구속 없는 소비지상주의에 대한 현대의 비판이다.

이런 비판은 새로운 것이 아니다. 이미 아리스토텔레스도 '이 재理財의[chrématistique]'라는 용어를 통해 자기 자신을 위해 돈을 축적하는 기술을 지칭했다. 돈은 우리들의 필요를 충족시키는 일차 재화의 교환을 떠맡는 역할을 넘어서서 한계를 모르는 인간 욕망을 가열시키기에 이른다. 수단의 위상으로부터 목적의 위상을 취하는 것이다. 시간이 흐른 후 자기 차례가 되자, 가톨릭 전통은 빌려준 돈으로 돈을 버는 방식인 고리대금업을 단죄하기에 이른다. 자본주의의 발전과 더불어 돈은 자신이 거부당한 신과 경쟁하려고 든다. "시간은 돈이다." 그러나 시간은 오직 신의 영역이다. 마르크스는 우리 존재를 지배하고 인간들을 분열시키는 돈의 악마적이고도 소외시키는 권능을 비판하면서 윌리엄 셰익스피어William Shakespeare(1564~1616)를 인용하고 있다.

"오, 부드러운 시역자 당신이여. 아들과 아버지 사이를 갈라놓은 친애하는 주동자, 가장 순수한 히멘Hymen의 침대를 신성모독한 빛나는 인물, 용맹무쌍한 마르스Mars, 항상 젊고 신선하며 섬세하고도 사랑받는 유혹자여. 눈부심이 디아나Diane의 가슴을 덮고 있는 성스러운 눈을 녹게 할 당신, 눈에 보이는 신이자 양립 불가능한 것을 접합시키며 그것들을 서로 포옹하게 만드는 당신이여. 모든 입을 통해 모든 방향으로 말하는 당신이여. 사랑의 시금석, 당신의 노예인 인류를 반란자로 취급하고, 당신의 미덕을 통해 인류를 파괴하는 논쟁 속으로 던져버리는 당신이여. 야수들이 세계의 제국을 차지할 수 있도록."[66]

....

[66] 윌리엄 셰익스피어(SHAKESPEARE William), 『아테네의 티몬(Timon d'Athènes)』[원제는 Timon of Athens], 마르크스가 『1844년의 경제학–철학 초고(Manuscrits)』에서 인용했음.

하지만 늘 비도덕적일 수 있는 부자들에 대한 공격과 곧바로 동일시되는 그러한 거부는 무시할 수 없는 돈의 기능을 등한시하고 있다. 돈을 신과 동일시하는 방식이 비판을 유발한다고 해도, 돈은 물건과 등가물을 생산하면서 사물의 힘에서 벗어나는 자신의 미덕을 강조할 수 있다. 더 나은 점은 돈은 신처럼 극도로 다양한 사물들에 대해 통일성을 구축한다.[67]

돈을 비난할 수도 있고, 돈의 효용을 강조할 수도 있다. 돈을 도덕적으로 단죄할 수도 있고, 돈의 미덕을 강조할 수도 있다. 벗어날 수 없는 원 속에 우리가 갇힌 것은 명백하다. 그리고 돈은 곳곳에서 우리를 불만족하게 한다. 돈은 하나의 사실이다. 돈은 실재하고, 우리 사회의 중심을 차지하면서 사회를 구조화한다. 우리가 물물교환 사회로 되돌아갈 수 있다고 생각한다면 순진한 생각일 것이다. 개인적인 관점에서든 집단적인 관점에서든 우리가 돈과 맺고 있는 관계는 항상 복잡다단하다. 돈이 화폐의 물질적 차원뿐만 아니라 상징적인 차원도 보유하고 있으므로 돈과 좋은 관계는 궁극적으로 존재하지 않는다. 돈과 건전하고도 아주 도덕적인 관계를 유지하고 있다고

67　사회학자 게오르그 지멜(GEORG Simmel)이 『돈의 철학(*Philosophie de l'argent*)』[원제는 *Philosophie des Geldest*](1900.)에서 행한 분석.

오징어 게임의 철학

그 누가 주장할 수 있을까? 하지만 돈은 우리를 즉시 도덕적인 문제 와중으로 끌어들인다. 그 문제들에는 절대적이고도 최종적인, 훌륭한 대답은 결코 없다.

그런 사실의 확인이 충격을 줄 수 있다. 우리는 좋은 답을 얻기를 원하고, 어떤 태도와 어떤 결정을 취하는 것이 좋은지 알고 싶어 한다. 돈이 도덕과 밀접한 관계를 유지하기 때문이다. 니체는 '빚', '무상성' 등의 용어가 갖는 도덕적인 동시에 경제적인 유사점을 끊임없이 강조했다.[68] 그러나 이런 관계는 도덕이 외부에서 돈을 평가할 수 있다고 생각하게 해주지는 않는다. 그렇다면 모든 것을 받아들일 수 있고, 좋은 결정, 좋은 관계가 존재하지 않기에 모든 것에 가치가 있다고 생각하는 일종의 상대주의에 빠져들어 체념해야 할까? 우리는 당연히 아니라고 생각한다.

「오징어 게임」에서 돈은 타인들의 죽음으로 영양분을 공급받는 토템이다. 우리가 그런 모습을 끊임없이 목격한 것처럼, 상황들이 우리를 도덕적으로 막다른 골목에까지 인도한다면 유일한 답은 정치적인 성격을 띠게 된다. 우리가 「오징어 게임」의 세계 속에서 살기를 원할까? 아마 그것이 가장 중요한 문제로 제기될 것이다. 보다 일반적으로

---

68   니체(Nietzsche Friedrich), 『도덕의 계보(*La Généalogie de la morale*)』[원제는 *Zur Genealogie der Moral. Eine Streitschrift*], 1887.

그 질문은 우리가 공동으로 어떤 삶을 누리고 싶은지 자문해보면 안다. 시즌1이 끝나면서 기훈이 게임에서 승리해 구한 목숨을 자신이 원치 않는다는 점에 주목하자. 그러나 그런 질문을 집단적으로 제기하는 것은 우리가 그 문제를 토론할 수 있고, 집단적 선택에 따라 한계를 두는 제도들을 가동할 수 있음을 전제로 한다. 돈에 대해 비판할 수는 있다. 하지만 돈이 재정은 아니다. 돈의 과다, 돈의 치명적인 사용이 가능하다면, 그것은 가동 중인 제도들이 그것들을 허용하기 때문이다.

장 가뱅Jean Gabin(1904~1976)은 영화 「파리 횡단La Traversée de Paris」에서 순시를 돌던 경찰을 피하려고 자신의 공모자와 한 카페로 피신했을 때 "가난한 개자식들[Salauds de pauvres]"이라고 내뱉는다. 카페 주인과 카페 손님들 그 누구도 그를 도와줄 준비가 돼 있지 않았다. 보다 일반적으로는 사람들은 "부유한 개자식들[Salauds de riches]"이라고 더 말하고 싶을 것이다. 그러나 '개자식들'에는 양면이 존재한다. 가난한 자들이 도덕적으로 선하고 부자들이 필연적으로 사악하다고 생각하는 것은 순진하기 짝이 없는 생각이다. 때때로 돈이 행동을 바꿀 수 있다는 점은 인정된다. 샌델은 『돈으로 살 수 없는 것들What money can't buy : the moral limits of markets』[69]에서 많은 교훈

....

69   마이클 샌델(SANDEL Michael J.), 『돈으로 살 수 없는 것들(Ce que l'argent ne saurait acheter)』[원제는 What money can't buy : the moral limits of markets), 2012.

오징어 게임의 철학

을 주는 한 가지 사례를 든다. 아이들을 찾으러 오는 데 늦어지는 부모들 숫자가 점점 많아지자 이스라엘 탁아소들은 벌금제 도입을 결정한다. 부모들이 더 고결하고 존경스러운 모습을 갖도록 하기 위함이었다. 그러나 결과는 정반대였다. 늦어지는 빈도수가 더 늘어났을 뿐이었다. 이전에는 부모들이 정시에 도착해야 한다고 도덕적으로 느꼈지만, 돈을 내는 방식은 곧바로 그들에게서 죄의식을 떨치게 해버렸다. 벌금이 폐지된 후에도 관행이 바뀌지 않았다며 샌델은 가장 중요한 점을 강조한다. 돈이 행동거지를 변화시킨다면 그것은 아마도 개인에게가 아니라 이런 행동을 가능하게 해주고 허락한 것에 대해서다. 그 문제에 대해 생각해봐야 한다. 만약 개인들이 돈을 활용하고 돈으로 다른 것들을 살 수 있다면 그것은 가동 중인 제도들이 그것을 허락했기 때문이다. 그런 이유로 「오징어 게임」 시리즈는 민주주의, 정의, 노동에 대해, 그리고 다른 용어로는 우리가 살기 원하는 세계에 대해 우리가 성찰해보도록 권유한다. 우리가 사는 세계를 폭력적이고 종종 잔인하게 만드는 내용에 기초해서다.

존재한다는 것은 필요에 종속됨을 의미한다. 우리에게는 충족시켜야 할 필요들이 존재하고, 우리의 삶은 시간에 의해 한정돼 있다. 그러나 존재한다는 것은 결코 혼자서는 성립하지 않는다. 모든 존재는 집단적이며, 집단적인 방식으로 생각돼야 한다. 죽을 것을 아는 고립된 개인의 방식으로서는 아니다. 모든 연대를 무력화시키면서, 삶을 생존과 동일시하면서, 모든 사람이 항구적으로 죽음을 무릅쓰게 하면서 「오징어 게임」, 그리고 이 시리즈가 제시하는 세계는 존재의 집단적이고 복수적複數的인 차원을 없애버린다. 철학자 아렌트가 강조한 것처럼,[70] 철학의 전통이 죽음으로부터 출발해 인간 존재에 대해 생각했다 하지만 그 전통은 존재한다는 것이 무엇보다도 태어나는 것이라는 점을 잊고 있는 생각이다. 태어난다는 것은 세상에, 이미 우리 이전에 존재했던 세상에 나와 각자가 특별하고도 서로 다른 위치를 차지함을 의미한다. 그런 점에서 존재는 항상 복수複數 양태를 하고 있다. 생각해야 할 대상은 이런 복수성이다. 그것은 정치란 이름을 하고 있다. 다시 말해 견해들의 충돌로부터 시작해 함께 행동하고 살아갈 가능성이다. 공동의 세계를 이룰 가능성이 사라질 때, 정치가 부정당할 때 오직 비탄의 세계만이 남는다. 비탄의 세계에서 개인은 자신과 타자 그 누구도 동반하지 않으며, 기훈이 최종 승자가 된 것처럼 뿌리 뽑힌 채로 방황하도록 운명이 지워져 있다.

　문제들이 주로 정치적이라는 말은 우리가 수행한 논의가 도덕과 무관하다는 것을 의미하지 않는다. 그 문제들이 우리가 원하는 삶, 우리가 좋은 삶이라고 생각하는 삶에 관한 질문으로 구성됐기

....

70　해나 아렌트, 앞의 책

오징어 게임의 철학

때문이다. 또 그것은 「오징어 게임」 속 세계처럼 폭력적으로 체험한 세계 속에서 모든 결정이 가치를 지니고, 더 이상 그 누구도 책임지지 않는다는 것을 의미하지도 않는다. 만약 그런 것을 의미한다면 우리 전부가 게임에 참여하기를 원하고, 그 세계가 바람직한 세계, 디스토피아보다는 유토피아에 가까운 세계처럼 보인다고 생각하는 꼴일 것이다. 그것은 단순한 표현이지만 답이 무궁무진한 '우리는 어떤 세상에서 살기를 원할까?'라는 문제와 우리가 마주하고 있음을 의미한다.

| 철학자 색인 |

오징어 게임의 철학

오징어 게임의 철학

초판 1쇄 발행 2022년 8월 30일

지은이 올리비에 딜리
옮긴이 이상빈

펴낸이 장종표
책임편집 배정환   디자인 씨오디

펴낸곳 도서출판 청송재
등록번호 2020년 2월 11일 제2020-000023호
주소 서울시 송파구 송파대로 201 테라타워2-B동 1620호
전화 02-881-5761   팩스 02-881-5764
홈페이지 www.csjpub.com
페이스북 www.facebook.com/csjpub
블로그 blog.naver.com/campzang
이메일 csjpub@naver.com

ISBN 979-11-91883-10-7   03100

※ 책값은 뒤표지에 있습니다.